《汽车能源补给站建设与管理丛书》

汽车充电站建设与管理

马秀让　李春东　主编

中国石化出版社
HTTP://WWW.SINOPEC-PRESS.COM

内 容 提 要

本书共10章39节，主要包括电动汽车的发展状况、前景及分类，电动汽车的组成、传动原理、分类及技术要求，充电站分级配置和交直流供配电、电能质量保障，充电站工程设计原则和思路，充电站和合建站工程方案设计探讨等。

本书收集了大量资料，吸收了科研成果，融入了工程实践，引用了规范、标准，列举了设计实例；图文并茂，通俗易懂，简洁实用；可供从事充电站及合建站规划、设计、施工、监理、管理的人员使用，也可供大中专院校相关专业师生参考。

图书在版编目(CIP)数据

汽车充电站建设与管理 / 马秀让，李春东主编.
北京：中国石化出版社，2020.10
（汽车能源补给站建设与管理丛书）
ISBN 978-7-5114-5760-8

Ⅰ.①汽… Ⅱ.①马… ②李… Ⅲ.①电动汽车-充电-电站-管理 Ⅳ.①U469.72

中国版本图书馆CIP数据核字(2020)第193699号

中国石化出版社出版发行

地址：北京市东城区安定门外大街58号
邮编：100011　电话：(010)57512500
发行部电话：(010)57512575
http://www.sinopec-press.com
E-mail:press@sinopec.com
北京富泰印刷有限责任公司印刷
全国各地新华书店经销

*

710×1000毫米 16开本 11.5印张 195千字
2020年11月第1版　2020年11月第1次印刷
定价：48.00元

《汽车充电站建设与管理》

编 写 组

主　　编　马秀让　李春东

副 主 编　穆祥静　张文想　屈再生　王银锋
　　　　　郭守香　李　莉

编　　写　(按姓氏笔画为序)
　　　　　王　岩　孙海君　乔楠楠　李晓鹏
　　　　　李宏祥　何岱格　苏奋华　岳　田
　　　　　范棕楠　康　昂　徐浩勐　秦朝臻
　　　　　曹振华　谭　冠

丛书前言

随着我国国民经济的飞速发展，汽车保有量在我国也随之迅猛增长。不但燃油汽车的保有量在惊人增长，燃气汽车和电动汽车的保有量也在迅速增长。加油站、加气站、充电站均为汽车补充能量的场所，随着各种汽车保有量的增长，这些站也需要随之加快建设。

燃油汽车虽然污染环境，会被燃气、电动汽车等清洁型能源汽车所取代，但这也是若干年后的事。目前，国内有十万多座加油站，只要燃油汽车还存在，加油站就不会被废除。当前，加油站的数量还不十分充足，并且分布不均，有的省或地区还需要新建加油站。此外，国内一些加油站与国外加油站比较还有不少差距，还存在一些问题，需要改造。燃气汽车和电动汽车现在国内还比较少，但它们是未来汽车的发展方向，正在逐渐引起政府和相关行业的重视。关于燃气汽车和电动汽车方面的资料还不多，尤其是关于加气站、充电站工程建设方面的资料更少，关于合建站的资料几乎没有。

汽车加油站、加气站、充电站都分布在汽车交通网上，与城镇交通线路密不可分，都属工程建设，多数为独立的，也有少数的合建站，在建设与管理上三种站有许多相同之处。为了适应这三种站建设和管理的需要，我们组织有工程建设和管理实践经验的同志，编写了《汽车能源补给站建设与管理丛书》。这套丛书有3个分册，分别为：《汽车加油站建设与管理》《汽车加气站建设与管理》《汽车充电站建设与管理》。三本书既有各自独立性，又有相关联系性，有共性、也有个性。

目前国内加油站正朝着管理科学化、设备规范化、人员专业化的方向迈进，本丛书介绍了加油站设计施工的新标准，双壁油罐、油罐及管线检漏等新技术，加油站经营管理的新理念，加油站总平面布置的新思路等。

目前，国内加气站、充电站的建设与管理尚处于起步阶段，缺乏相应的理论和技术支持，相关方面的经验更是欠缺。本丛书从介绍燃气、充电的基础理论入手，借鉴国内外一些科研成果、文献资料，参考加油站的一些建设、管理经验，介绍了其发展前景、建站规划，站址选择、建站模式，平面布局、安全间距，工艺设备、系统组成，工程设计、施工竣工验收，管理体制、人员编制，经营方式、服务理念等。涵盖了加气站、充电站建设与管理的方方面面。

本丛书的主要特色有五点：

一是本书是将国内现有加油站、加气站、充电站三种站相关资料的精华经提炼、吸取，结合新经验、新技术、新设备、新材料，按照新规范编写而成的。这三种站有许多相同之处，比如选址的原则、方法、步骤，建站的设计、施工、验收、经营、管理，使用的要求理念等都大同小异。

二是突出了工程建设的内容。无论是独立的加油站、加气站、充电站，还是各种形式的合建站，都与工程分不开，所以本丛书对其总平面的布置，土建工程设计、施工，设备的选择、安装、调试，工程的检查验收及移交等都作了详细介绍。

三是对站内总平面的布置共做了50个设计方案，既贯彻了新标准的要求，又体现了新的经营管理理念，并对每种方案进行了点评，对方案之间进行了比较，为加油站、加气站、充电站和各种形式的合建站的工程设计提供了参考范例。

四是介绍了一些科研成果和新技术、新设备、新材料。如卧式双壁罐、美国对油罐与管路的防渗检漏手段及方法、玻璃纤维增强塑料等新材料。

五是叙述形式多样，有文字、表格、图片等，图文并茂，易懂易记、内容精炼。

本丛书可供从事加油站、加气站、充电站及各种合建站规划、设计、施工、监理、管理的人员使用，也可供大中专院校相关专业师生参考。

本丛书在编写过程中，得到了编委单位和同行的大力支持，编写过程中参考了同类书籍、学术文章和生产厂家的一些资料，在此表示衷心的感谢。

由于水平所限，不妥之处在所难免，恳请专家、同行、读者提出宝贵意见。

丛书主编　马秀让

2020年4月

前　言

随着我国国民经济的飞速发展，人们的生活水平也随之提高，对环境质量也越来越重视，政府对新能源的利用逐渐提上议事日程，对电动汽车产业发展出台了许多优惠政策，电动汽车产业正在迅速发展，电动汽车充电站的建设也随之成为必需。但是关于这方面的书籍还不多，尤其是关于充电站工程建设方面的书更少，关于合建站的书几乎没有，所以我们组织有工程建设实践经验的同志编写了这本《汽车充电站建设与管理》。

本书有三个特点：

一是突出了工程建设的内容。因为无论是独立的充电站，还是各种形式的合建站，都与工程分不开，所以本书对其总平面的布置，土建工程设计、施工，设备的选择、安装、调试，工程的检查验收及移交等工程上的内容作了详细介绍。

二是对站内总平面的布置共做了14个设计方案，既贯彻了标准的要求，又体现了新的经营管理理念。进行了多种组合，提出了多种形式，适应了多种情况，并对每种方案进行了点评，方案之间进行了比较，为充电站和各种形式的合建站的工程设计提供了参考范例。

三是叙述形式多样，有文字、表格、平面图、框图等，图文并茂，表现形式生动活泼，易懂易记，内容多而篇幅少。

本书可供从事充电站及合建站规划、设计、施工、监理、管理的人员使用，也可供大中专院校相关专业师生参考。

本书得到了编委单位和同行的大力支持，书中参考选用了相关书籍和资料，在此一并表示感谢。

由于时间仓促，水平所限，不妥之处在所难免，恳请专家、同行、读者提出宝贵意见。

编者

目　录

第一章　电动汽车和充电站发展状况与前景

第一节　电动汽车和充电站发展状况

一、　国外电动汽车和充电站的发展状况

（一）国外电动汽车的出现与认识的转变

国外电动汽车发展很早，早在1873年，英国人罗伯特·戴维森制作了世界上最初的可供实际使用的电动汽车。在欧美，电动汽车最盛期是在19世纪末。1899年，法国人考门·吉纳驾驶一辆44kW以双电动机为动力的后轮驱动电动汽车，创造了时速106km的纪录。1900年，美国制造的汽车中，电动汽车为15755辆，蒸汽机汽车为1684辆，而汽油发动机汽车只有936辆。进入20世纪以后，由于内燃机技术的不断进步，1908年美国福特汽车公司T型车问世，以流水线生产方式大规模批量制造汽车，使汽油发动机汽车开始普及，致使在蒸汽机汽车与电动汽车市场竞争中，由于存在着技术及经济性能上的不足，电动汽车被无情淘汰，呈萎缩状态。

随着石油资源的紧缺和电动汽车电池、电机、电控系统技术的发展，电动汽车在性能和经济性方面已经接近甚至优于传统燃油汽车，开始在世界范围内逐渐推广应用。电动汽车以电代油，实现零排放与低噪声，是解决能源和环境问题的重要手段。以电动汽车为代表的新一代节能与环保汽车是汽车工业发展的必然趋势，这一认识已经成为普遍共识，因此电动汽车和充电站在国外得到发展。

国外关于电动汽车充电站的建设如火如荼，很多国家都希望通过制定明确的电动汽车充电站建设计划，帮助电动汽车在本国早日实现商业化。

（二）发达国家的电动汽车与充电站发展状况

1. 欧美将提出全面禁止销售燃油汽车

据国外媒体报道，在法国、英国以及苏格兰都先后宣布将禁止销售传统燃油汽车之后，美国也可能成为下一个禁售传统燃油汽车的国家。

2. 四大车企公布充电站网络设计方案要挑战“特斯拉”

据 Electrek 北京报道，全球四大汽车厂商宝马、奔驰、福特和大众宣布成立合资公司 Ionity。该公司正在大力研发电动车充电基础设施，并布局充电网络，以在欧洲打造一个拥有 400 个快速充电站的充电网络。如今，该公司公布了其充电站网络的设计方案。对于这一设计，该公司描述称：“充电站灯箱就像是在垂直灯塔的上方安装了一块屋顶，仿佛飘浮在空中，让充电站看起来就像是一座灯塔，这种效果在夜间尤为明显。为了符合机动性的特征，充电站的建筑风格传达了一种开放、明亮和温暖的空间感。简洁的结构和表面，智能的界面，加上坚固的轻型材料，共同构成了无缝的充电体验。为了与 Ionity 的 Logo 保持一致，我们选择了代表着充电过程中能量流动的色彩。”

尽管 Ionity 公司已开始布置了部分充电站，该公司的首席运营官 Marcus Groll 博士表示：“公司推出的充电站设计概念产品向公司的股东、合作方及用户发出了明确的信号，该款设计很快将被用于实际应用中。”

公司计划于 2020 年在整个欧洲配置 400 个新款充电站，最大输出功率为 350kW，2017 年已完成首批 20 个充电站的配置，在 2018 年配置 100 个新电动车充电站。

四大车企充电站网络设计方案图如图 1-1、图 1-2 所示。

图 1-1　网络设计方案图（一）

图 1-2　网络设计方案图（二）

3. 街头路灯变充电桩

街头路灯变充电桩，是未来汽车充电站新思路，续航力无限！如图 1-3 所示。

在可预见的未来，全电动汽车将会是马路上的主要车种。如果不像国外有自家车库随时可充电的话，要怎么帮爱车补给能源才方便呢？届时除了多盖几座类似汽油站的“快速充电站”外，德国 Ubitricity 公司的做法或许值得借鉴，他们将脑筋动到城市里密集的路灯杆上，稍加改装后，再搭配一些智慧科技，就成了最方便的汽车充电站了。而这样的构想已经在柏林实现，近日也出现在英国伦敦街头。

要实现街头路灯变充电桩，首先路灯杆要花数百欧元来加以改装，在杆上安装一个特殊规格的智慧插座，之后电动车主们将车停在路灯杆旁，就可以透过 Ubitricity 公司的智慧电缆来帮爱车充电，如图 1-4 所示。智慧电缆上设置有数字电表，会自动计算充电时间与费用，也能进行身份识别，避免盗电。搭配专属手机 App，还能用来寻找附近可充电路灯杆、记录充电次数与缴费，等等，相当方便。目前在 Ubitricity 公司的伦敦推广街区范围内，只要车主提出申请，就能在自家附近安装三组路灯杆智慧插座。如果类似的服务能更加普及，电动汽车出门就等于拥有无限续航力了！

图 1-3　街头路灯变充电桩(一)

图 1-4　街头路灯变充电桩(二)

4. 发达国家充电基础设施发展比较

几个发达国家电动汽车及充电基础设施发展特色比较，见表 1-1。

表 1-1　几个发达国家电动汽车及充电基础设施发展特色比较

序号	对比项目	美国	日本	法国
1	政策扶持	减免相关税收，大量政策扶持	巨额资金投入，支持技术研发创新	推广市场化运营模式
2	技术特色	插电式混合动力汽车市场；慢、中速充电技术；无线充电技术	微型电动汽车示范推广，燃料电池技术，快速充电技术	纯动力汽车市场、分时租赁运营模式

续表

序号	对比项目	美国	日本	法国
3	运营模式	商业化、私有化、市场化操作，各种品牌充电网络运营百花齐放	商业化、私有化、市场化操作，CHAdeMO 协会负责充电设施的建设与维护；微型 EV 示范推广	政府联合私营企业开展“电动汽车共享计划”、实现公共电动汽车分时租赁运营，负责充电站网络布点、建设与后期维护
4	分布情况	基本覆盖各州，西部点状高密度聚集，东部片状均匀分布；中心商业娱乐区、风景文化区高密度聚集	基本覆盖全国各县，扩散分布，以大阪-名屋古、东京-神奈川为高密度聚集点，由西南角到东北角均匀分布	基本覆盖全国各地，主要集中在西北沿海区域，其次是与西欧毗邻区域，由中心商业老城区发散式向外扩建，站点数量逐步增多
5	安装形式	结合现有露天或室内停车场、家庭车库安装常规充电设备，以特定方式安置于停车位旁	结合公共场所停车场、汽车销售以及维修点布置普通充电设施；结合大型商业地产停车场、城际高速入口及服务区配置快速充电站	公共充电站其实是停车充电一体化停车场，广泛分布于大街小巷、地上地下

5. 几个发达国家电动汽车及充电基础设施建设补贴政策对比

从补贴政策来看，一直以来，美国、欧洲、日本等政府对电动汽车和充电设施采取了有力、刺激性的补贴政策，极大地推动了电动汽车和充电设施的建设和发展，这些发达国家的充电设施较中国完善，尤其是快速充电网络的建设，见表 1-2。

表 1-2　主要国家充电基础设施建设补贴政策对比

序号	国家	充电设施补贴政策
1	美国	对于安装电动汽车充电桩的个人消费者采取的税收减免为其费用的 30%，最高限额为 1000 美元；企业也享受 30%税收减免，最高限额为 30000 美元
2	英国	试用《自动化和电动汽车法案》，鼓励支持购买使用新能源电动汽车，英国政府曾给伦敦市划拨了 4000 万英镑资金，供其开发可以同时照明和给电动汽车充电的街灯
3	日本	补贴每个充电设施建设项目 50%的支出，最高限额为 150 万日元；另外，政府还将提供 1005 亿日元的预算来“促进下一代汽车充电基础设施建设事业”
4	法国	总投资 5000 万欧元以补贴 50%的充电设施建设成本

注：我国《关于“十三五”新能源汽车充电基础设施奖励政策及加强新能源汽车推广应用的通知》明确规定了国家对新能源汽车的购买及企业对充电桩建设的补贴计划。

6. 2017 年全球电动汽车充电桩发展速度

随着全球范围内的电动汽车发展提速，国际充电基础设施的发展也驶入快车道。据报道，2015 年，全球电动汽车充电桩建设规模迅猛发展，2015～2017 年每年增长率约为 30%。2015 年全球充电设施总数为 145 万个；2016 年全球电动汽车充电设施总数为 189 万个；2017 年全球充电设施建设总数进一步增长，约为 245 万个。

7. 2016 年全球电动汽车充电桩类型结构

为了加快推进建设电动汽车充电桩，各国均发挥国家和私家的力量，所以出现了公共充电桩和私人充电桩，且私人充电桩所占比例还很高，2016 年全球电动汽车充电桩的类型结构，见图 1–5。

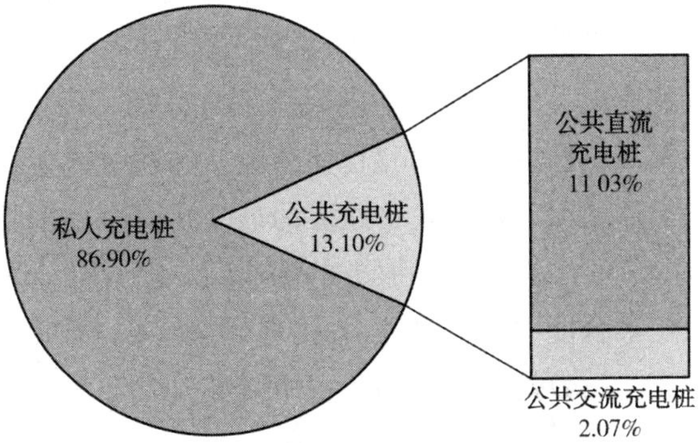

图 1–5　2016 年全球电动汽车充电桩类型结构

（三）美国电动汽车充电站的发展状况

1. 2011 年起美国电动汽车充电站已经进入高速发展期

电动汽车在美国盛行，2017 年电动车销售在全球排名第二，未来 10 年将有望取代传统燃油轿车。2017 年全球排名第一为中国，第三～第六分别为挪威、日本、德国、英国。

电动汽车的盛行必然会带来电动汽车充电站的高速发展。汽车厂家也争先为电动汽车充电站的建设做贡献。美国大众集团将为美国新建 500 座充电站，保时捷集团于 2019 年前为美国推出 500 座充电站。

所以，自 2011 年起，美国电动汽车充电站已进入了高速发展时期。2011 年，美国电动汽车充电站数量是 1972 个，并且基本上集中在加州地区；到 2012 年 1 月，这一数字是 6310 个；而到 2013 年 5 月，全美电动汽车充电站数量达到

20138 个；而 2014 年已经突破了 2.6 万个，与 2011 年相比，增长了 10 倍以上。目前，美国市场上存在着“充电点”(ChargePoint)、“查基特”(CharJit)、“布林克”(Blink)等多家电动汽车充电站网络运营商，充分的市场竞争使充电站网点分布日趋合理，服务品质也在不断提升。近日，记者驱车进入洛杉矶市中心一座多层停车场时，惊奇地发现每层都为电动汽车提供了专门的泊车空间。仔细观察，每部电动汽车的停车位上都配置了充电装置，以方便车主利用停车时间为车辆补充电能。加州依然走在最前列，但美国东部地区的基础配套设施增长速度同样惊人。

不久前，仅“充电点”一家公司在全美的充电站数量，便已超过了麦当劳的门店数量。

值得一提的是，美国软件提供商 Recargo 在 3 年前发布了一款移动应用程序 PlugShare，电动汽车主将其下载到智能手机或平板电脑后，只需轻触几下屏幕便可轻松搜寻到附近的充电站。这款移动应用程序的问世，不仅使电动汽车主寻找充电站的方式产生了革命性变化，而且也使充电站的利用效率大为提高。

在美国，汽车加油站尤其是高速公路旁的加油站周边，往往会形成一个云集餐饮、零售、旅馆、汽车维修等各种服务的商业圈。随着电动汽车充电站数量的增长，充电站的商业聚合能力不容小觑。

美国电动汽车充电站数量快速增加的根本原因，在于美国是全球最大的电动汽车市场。

2. 2017 年美国电动汽车充电桩行业发展状况

电动汽车的主流充电设备可分为三大类——交流 Level1 充电设施、交流 Level2 充电设施和直流 FastCharger 充电设施。其中已经建立起一定规模和完善充电网络的是交流 Level2 充电设施，其安装数量最多，分布面积也最广；其次是直流 FastCharger 充电设施，主要布点于城际及州际高速公路上，为长途驾驶的电动汽车提供快速补电服务。

全美近几年来，联邦政府一直在联合科研机构和汽车厂商开展相关研究，并投资了一系列电动汽车充电基础设施的规划项目，电动汽车产业已基本进入商业化运营阶段。截至目前，电动汽车充电设施布点已基本覆盖全美，数量上则相对集中分布在加利福尼亚州、伊利诺伊州以及纽约州三地。而电动汽车充电设施的分布方式主要是结合露天或室内停车场安装，实现停车、充电一体化。根据 IEA 的测算，美国充电基础设施主要分布在东部和西部的沿海地区。

在美国能源部的分类中，电动汽车充电桩主要是分为私人、公共两部分，也可按交流插座、交流充电桩和直流充电桩进行分类。公共充电桩私人消费者可以接入，分为付费和不付费两种形式。而有限制的充电桩则是面向员工充电的(Workplaceging)对车辆限定的(Tesla 车主)和部分需要加入会员等形式提供的半公共的充电桩。

美国充电基础设施大部分是由充电设施专业运营商经营的充电站。其中，ChargePoint 是美国最大的充电基础设施运营商，截至 2016 年 11 月，其在美国能源部登记录入的充电桩数量为 16823 个。此外，部分汽车企业为配合其电动汽车的市场销售工作，也介入到充电基础设施建设运营之中。以直流充电来看，“特斯拉”维持一个自身独立的充电网络，日产和合作伙伴建设“Chademo”充电桩，宝马、大众和通用等主要推进 CCS 的建设。

3. 纽约投入运营的第一家电动汽车充电站

纽约投入运营的第一家电动汽车充电站，用户可以选择 250V 的电源快充和 110V 的电源慢充，并可将车子停在停车场过夜。充电安装公司计划陆续在纽约地区建立更多类似的充电站，以支持和鼓励市民使用环保的电动汽车，如图 1-6 所示。

（四）法国电动汽车和充电站发展状况

法国政府资助电动汽车及其零部件长期创新，以法国电力公司为主导，每年编制占该公司营业收入 0.05%的预算，投入电池、充电器的研发。

在巴黎设有几百个充电器，凡重要停车场都设有充电器，配置电动汽车充电的专用插头。巴黎在城市中心区和郊区都布设了密集的电动汽车充电站，并公布了站址示意图，利于驾驶员快速找到充电站，如图 1-7 所示。

图 1-6　纽约新建充电站示意图

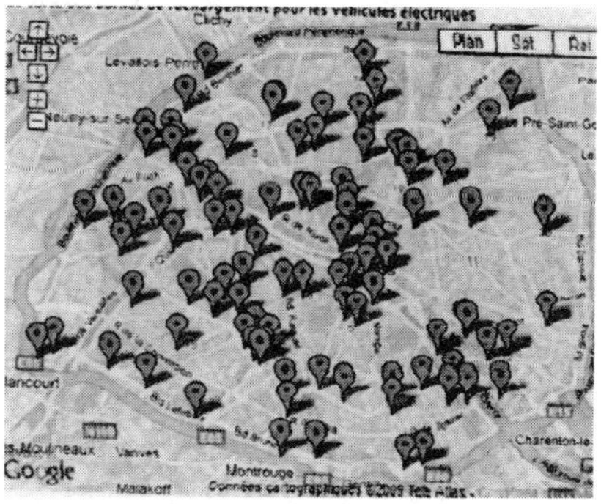

图 1-7　巴黎充电站布局示意图

（五）德国电动汽车和充电站发展状况

德国也规划免除电动汽车税及重量税；企业研制电动汽车可享受5年免税，大部分充电站(68%)完全免费，少部分收取充电费或停车费。

据外媒报道，瑞士ABB集团将为德国能源公司提供117座充电站。

（六）日本电动汽车和充电站发展状况

在日本，与各汽车厂商产生密切伙伴关系的是日本最大电力公司——东电。东电公司指出，每10min完整充电，所能行驶的路程是60km。为了方便驾驶人上街时也能充电，就必须通过一项大型的基础设备建设工程来推动。

每设立一个充电器所需费用是400万日元。东电公司准备在日本的超市停车场、便利店及邮政局等公共场所内陆续建设充电设备，使得人们在下车购物、办事时就可让汽车补充电源。日本汽车业界认为，电动车适合都市型驾驶，只要充电基础设备齐全，很快就会被一般消费者接受。

日本在东京建设了87个电动汽车充电站，楼宇、路旁的充电桩随处可见，超市、停车场、便利店及邮政局等公共场所内也陆续建设了充电设备。与此同时，日本政府也表示，为普及电动汽车将在三年内建设千余个充电站。

二、 国内电动汽车和充电站的发展状况

（一）2010~2017年国内充电设施的发展状况

1. 2010~2017年我国充电桩发展数量

据不完全统计，我国2010~2017年充电桩发展数量见表1-3。

表1-3　2010~2017年我国充电桩发展数量

年份	充电桩数量/个	年份	充电桩数量/个
2010	1122	2014	30914
2011	6800	2015	49000
2012	17656	2016	141000
2013	22528	2017	190599

2. 2015年国内充电设施在城市的分布

据不完全统计，国内2015年充电设施在部分省市的分布数量见表1-4。

表 1-4 国内 2015 年充电设施在部分城市的分布数量

城市名称	充电站数/个	充电桩数/个	城市名称	充电站数/个	充电桩数/个
北京		35700	太原	14	1750
深圳	218	27000	晋城	15	5340
上海		6000	大连	7	3840
合肥		5000	沈阳	10	4550
天津	327	6900	芜湖	10	6000
广州	60	7054	武汉	9	5000
成都	16	3000	泸州	30	4000
青岛	9	3450	兰州	36	3520
常州	5	800	临沂	6	5260
盐城	14	3840	潍坊	6	5000
海口	6	4100	昆明	15	5326
合计				813	152430

3. 截至 2017 年 9 月国内充电桩情况

据报道，截至 2017 年 9 月，联盟内成员单位总计上报公共类充电桩数量达到 190559 个，其中交流充电桩 74783 个，占 39.24%；直流充电桩 49717 个，占 26.09%；交直流一体充电桩 66059 个，占 34.67%。2017 年 9 月较 2017 年 8 月新增充电桩 4569 个。

2017 年 9 月公共类充电桩数量排在前 10 名的分别是：北京 26990 个、广东 26340 个、上海 23516 个、江苏 20417 个、山东 16210 个、安徽 9495 个、河北 9258 个、天津 8626 个、浙江 7804 个、湖北 5557 个。

（二）国家及行业对电动汽车和充电站的推动

（1）2007 年 12 月，国家发改委新修订的《产业结构调整指导目录》，在原有鼓励建设燃气汽车加气站工程的基础上，首次提出鼓励建设新能源汽车充电站工程，为电动汽车产业化提供了现实依据。

（2）2009 年 9 月，国家电网公司印发了《关于下达智能电网试点工程项目计划的通知》[国家电网智能(2009)909 号]，提出 2010 年底前在北京、上海、天津、济南、杭州、武汉、长沙、西安、南京、大连共 10 个城市建设 50 座充电站。

（3）目前，国内电动车的使用还处于试验和示范运行阶段，充电站的建设还不成熟，国内外关于电动车充电站的技术标准还很少，成为影响电动车发展的重要因素之一。能源局 2010~2013 年对电动汽车充电站发布了一些标准，如 NB/T 33001—2010《电动汽车非车载传导式充电机技术条件》、NB/T 33002—2010《电动汽车交流充电桩技术条件》、NB/T 33003—2010《电动汽车非车载充电机监控单元与电池管理系统通信协议》、NB/T 33005—2013《电动汽车充电站及电池更换站监控系统技术规范》、NB/T 33006—2013《电动汽车电池箱更换设备通用技术要求》、NB/T 33007—2013《电动汽车充电站/电池更换站监控系统与充换电设备通信协议》。国家在 GB 50156—2012《汽车加油加气站设计与施工规范》的站内平面布置中 5.0.7 条规定：电动汽车充电设施应布置在辅助服务区内。国家于 2013 年 10 月 10 日发布了 GB/T 29781—2013《电动汽车充电站通用要求》，要求 2014 年 2 月 1 日开始实施，这是国内第一部电动汽车充电站的法规，国家又于 2014 年 1 月 29 日发布了 GB 50966—2014《电动汽车充电站设计规范》，要求 2014 年 10 月 1 日开始实施，这是国内第二部电动汽车充电站的法规，为电动汽车充电站的设计提供了依据。

（4）目前我国在示范运行的绝大多数是纯电动城市公交车，而纯电动或插电式混合动力乘用车不多，但纯电动车和插电式混合动力车将成为发展方向。故国家在 6 个试点城市已对私人购买纯电动车和插电式混合动力车进行试点补贴。

（5）为了有利于电动车的规模化使用，从而推动电动车发展，实现电动车产业化，必须建立一定的充电站或充电桩为电动车进行充电。为此，国家电网公司和上海、深圳、杭州、长春、合肥等 22 个城市成为新能源汽车示范运行单位和城市。这些单位和城市都在建设充电站，有些已建成，有些正在建设中。

（6）中国 2022 年电动汽车将超 700 万辆，国内加油站将匹配充电设施。

① 预计 2022 年国内电动汽车将超 700 万辆。国际能源署（IEA）发布报告指出，预计到 2022 年，全球电动汽车的普及数量将增长 6 倍，达到 1600 万辆。报告还称，中国将以超过 700 万辆的数据引领全球。欧洲、日本、美国将紧跟其后。据了解，欧洲电动汽车数量将在 2022 年达到 400 万辆，约占全球数量的 1/4，对比之下，我国保有量或达全球数量的一半左右。

② 国内试运行加油站匹配充电设施。据媒体报道，目前中国石油、中国石化正在论证何时大规模投建加氢站和加电站，可能先找一两个加油站进行改造试验。未来 5~10 年，有些加油站会变成混合运行模式，在城市里同时布局充电和加氢基础设施，见图 1-8。

图 1-8　加油充电混合运行图

（7）2020 年四川基本达到车桩比1∶1。根据四川省印发的《四川省“十三五”汽车产业发展指导意见》得知，到 2020 年，全省汽车年产能达到 400 万辆，其中新能源汽车产能将达 30 万辆。到 2020 年，四川将新建集中式充换电站 600 座以上，分散式充电桩 27 万个以上，基本达到车桩比 1∶1。

第二节　电动汽车和充电站的发展前景

一、 电动汽车的发展前景

（一）电动汽车发展的深远意义

电动汽车与内燃机汽车比较具有如下优点：

一是污染低，排放少。它本身不排放污染大气的有害气体，即使按所耗电量换算为发电厂的排放，除硫和微粒外，其他污染物也显著减少。

二是节约石油资源。电能可以从多种一次能源获得，如煤、核能、水能、风能、太阳能等，可以缓解人们对石油资源的需求。

三是可调节负荷。电动汽车可以充分利用晚间用电低谷时段充电，减小负荷的峰谷差。

随着低碳经济成为中国经济发展的主旋律，电动汽车作为新能源战略和智能电网的重要组成部分，以及国务院确定的战略性新兴产业之一，电动汽车成为今后中国汽车工业和能源产业发展的重点，可见电动汽车的发展具有深远战略意义和现实意义。

（二）纯电动汽车优越性与发展难度及解决方案

1. 纯电动汽车的优越性

电动汽车分为纯电动汽车与混合动力电动汽车两大类。两者比较，纯电动汽车优点更多、更加环保，而且纯电动汽车需要的电机转矩、功率控制要简单些，同时电机的响应速度也更快。混合动力电动汽车一方面需要控制发动机，另一方面需要控制电池、电机，并且电机和发动机的工作又要很好地匹配，技术难度很高。

2. 纯电动汽车的发展难度

纯电动汽车发展难度主要还是要解决电池的问题，要提高电池的寿命、提高续航里程，同时又要降低成本。另外，电池的管理和报废回收也是要考虑的问题。可见纯电动汽车距离大规模推广还有很大距离，纯电动汽车还有许多技术难题有待解决。

首先，是纯电动汽车的续航里程。专家认为，即便众泰汽车的最高车速和百公里耗电量都是可行的，不过也只有300km的续航里程。况且这可能只是理论计算或者以30~40km/h的车速匀速行驶时达到的指标，在实际工况中，纯电动车很难达到300km的续航里程。而短距离的续航里程给许多车主带来很多不便，极大地限制了纯电动汽车的推广。

其次，纯电动汽车的充电也是一个问题。虽然有的蓄电池可以实现短时间内充电，不过这极大地缩短了电池的使用寿命。而如此漫长的充电时间，正是阻碍电动车被大众接受的主要原因。而国内配套的基础设施还很欠缺，如果要推广纯电动汽车，就需要建大量的充电站，如同现在的加油站一样能使汽车方便地充电。

最后，电池的寿命、成本也是电动汽车产业化的一个阻碍。

3. 发展难度的解决方案

如果未来可以让车主在充电站通过换一个蓄电池的方式进行电能的补充，这样车主不需要等待充电的时间，且方便快捷，而充电站也实现蓄电池的统一充电和管理，对提高电池寿命和方便旧电池的回收都是一个很好的解决方案，这就是所说的换电站。

（三）公交车和短途固定出租车是纯电动汽车发展的一个方向

由于公交车线路固定、管理统一、车速不高的特点，使其成为纯电动汽车推广的一个很好的平台。图1-9是某公交车充电站的效果图。

图1-9　公交电动汽车充电站

一方面，公交车线路固定，这样就可以控制公交车的行驶里程在蓄电池的续航里程内。而公交车又能统一管理，可以在晚上集中给公交车充电，这样可以解决纯电动车续航里程和充电不便的问题。

另一方面，由于公交车的车速不高，蓄电池的性能可以满足其动力性的要求。

另外，像短途固定的出租车也可以成为纯电动汽车推广的对象。

（四）电动汽车发展的三大难题

要推广发展电动汽车，就要解决以下三大难题：

1. 解决电动汽车充电时间缩短的问题

一是要提高电动汽车动力蓄电池的性能，加快电池的充电速度，缩短充电时间；二是充电站采用合理的运营方式，既可为电动汽车的车载充电机充电，又可采用更换蓄电池的方式为电动汽车提供电源。

2. 解决电动汽车续航里程延长的问题

一是增大电动汽车动力蓄电池的蓄电能量，提高每块蓄电池的续航里程；二是要多建充电站，方便电动汽车充电。

3. 降低电动汽车及其运行成本的问题

一是加快电动汽车产业化生产，提高电动汽车生产技术，降低电动汽车生产成本；二是增长电动汽车动力电池的使用寿命，降低电池使用成本。

另外，电动汽车发展还应依赖国家对电动汽车产业的护持政策和力度。

二、 充电站的发展前景

（一）充电站与电动汽车都有发展前景

充电站是为电动汽车充电的站点，与汽车加油站相似。为了推广应用电动汽车，必须多建充电站，因此电动汽车充电站的发展前景与电动汽车的发展紧密相连。既然电动汽车有着深远的发展前景，那么电动汽车充电站也同样有发展前景，这是充电站发展的大趋势。

（二）充电站与电动汽车发展都有难度

在目前情况下，国家有大力倡导，对购买电动汽车及电动汽车上路均有补贴等，中国电动汽车的发展是必然的，抢占先机也是企业的制胜之道。各企业虽有所行动，但电动汽车走入寻常百姓家不是短期内容易做到的，可见大力发展电动汽车也不容易。

电动汽车充电站“充电”的设备是一种高效率的充电器，可以快速地给电动车、电动汽车等充电。但电动汽车充电站网则无法短期建成，主要原因是给电动汽车快速充电需要瞬时强大的功率电力，常规电网无法满足，必须要建专用充电网络，这涉及整个国家电网改造。国家电网大改造不是小事，耗资巨大，从讨论、立项到成网，非一朝一夕能实现，可见建成充电站网难度也很大。

（三）充电设备的解决总有办法

据介绍，光伏供电系统安装容量若达54kW，光伏板建筑面积需要360m^2，分别采用单晶硅和多晶硅组件建设，实行“自发自用、余电上网”的运营模式。而电动汽车充电桩可直接采用光伏发电系统提供的电力，选用符合国家标准的充电端口，能实现计时、计电度、记金额充电等功能。可见采用充电桩也是解决电动汽车充电的一种好方式。

充电业务模式是指电动汽车用户在汽车电能将要耗尽的时候选择到固定地点的充电站和充站桩为汽车的电池进行直接充电。这是电动汽车充电站最先考虑的业务模式，在这种业务模式下，电动汽车用户通过在充电站/充电桩直接为汽车充电，消费电力产品并通过现场付费的模式支付费用，完成交易。

为此，建设相应的电动汽车充电计费系统，引入集中式的信息管理平台，是开展电动汽车充放电站建设工作的重要组成部分。

（四）换电池站是一种发展充电站的好办法

现在能较好地解决快速充电问题的方案是换电池站，利用给汽车更换电池的方法代替漫长的充电过程。一辆汽车需要配备两块电池，当一块电池用完后自动切换到另一块，此时可到换电站将用完电的电池换下，装上满电的电池。而换下的电池由电站统一充电和维护，前提是充电站要有相当数量的备用电池。这个方法优点是快速，用户换完电池就可以上路，比加油都快。用这种方法再加上停车场充电桩等辅助手段，相信电动汽车的普及近在眼前。

（五）全球电动汽车充电桩前景预测

目前，新能源汽车已成为全球趋势，许多国家已发布燃油车禁令，从各国的新能源汽车规划时限来看，美国、中国、韩国和英国等国主管汽车工业的政府部门或协会提出了较为近期的产销目标——在5年内达到一定的产销总量或保有量。这在一定程度上体现了这些国家发展新能源车更为迫切的心态。

而德国、日本和法国等国家提出的新能源汽车规划中，对实现量化的产销规模目标的期限则设定相对较晚，分别设定了2020年的产销目标，其中，德国与日本还对2030也提出了较为明确的产销目标。各国电动汽车推广目标见表1-5。

表 1-5　各国电动汽车推广目标

序号	国家	规划时限	新能源车产销目标	新能源车范畴
1	美国	2015 年	100 万辆(保有量)	插电式混合动力、增程型电动车、纯电动车
2	中国	2020 年	200 万辆(年销量)	插电式混合动力、纯电动车、氢燃料电池汽车等
3	日本	2020 年	200 万辆(年销量)	电动车(80 万辆)、混合动力车(120 万辆)
		2030 年	年销量 70%	不详
4	德国	2020 年	100 万辆(保有量)	电动车
		2030 年	500 万辆(保有量)	电动车
5	英国	2020 年	80 万辆(保有量)	电动车
6	法国	2020 年	200 万辆(累计产量)	清洁能源车
7	韩国	2020 年	小型电动车普及率 10%	电动车

根据全球电动汽车行业发展规划，到 2020 年全球电动汽车有望达到 600 万辆，按照车桩比 1∶1 计算，预计 2020 年全球电动汽车充电桩建设规模达到 600 万个，到 2022 年全球充电桩市场规模有望达到 800 万个。

全球电动汽车充电桩的发展受多种因素的影响，包括电动汽车发展需求推动因素及各国的区域面积等因素，都会对各个国家充电桩的建设产生影响。当前，全球电动汽车的市场结构主要以中国和美国为主，中国占比达到 46%，美国占比达到 23%，其次为日本和挪威，电动汽车占比均为 6%。

考虑到相关国家的充电桩的地区布局情况和城乡密集度分布情况，预测我国充电桩的建设将居于全球首位，充电桩个数占比为 56. 7%，美国全球电动汽车充电桩的建设数量位居全球第二，占全球充电的 22. 7%，其建设数量占比如图1-10所示。

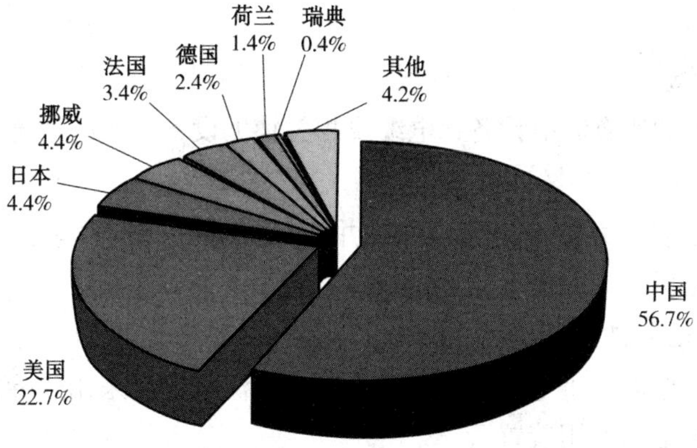

图 1-10　2020 年世界各国电动汽车充电桩建设数量占比

第二章　电动汽车和充电站的基本知识

第一节　电动汽车充电站的常用术语

一、术语摘编

为了划分不同标准中术语的含义，GB 50966—2014《电动汽车充电站设计规范》、GB/T 29781—2013《电动汽车充电站通用要求》和 NB/T 3302—2010《电动汽车交流充电桩技术条件》中的术语，给以明确定义，摘编如下。

1. 整车充电模式

将电动汽车通过充电连接装置直接与充电设备相连接进行充电的方式。

2. 电动汽车充电站

采用整车充电模式为电动汽车提供电能的场所，应包括 3 台以上电动汽车充电设备(至少有 1 台非车载充电机)，以及相关供电设备、监控设备等配套设备。以下简称充电站。

3. 充电系统

由充电站内的所有充电设备、电缆及相关辅助设备组成的系统。

4. 充电设备

与电动汽车或动力蓄电池相连接，并为其提供电能的设备，包括车载充电机、非车载充电机、交流充电桩等设备。

5. 非车载充电机

固定安装在地面，将电网交流电能变换为直流电能，采用传导方式为电动汽车动力蓄电池充电的专用装置。

6. 车载充电机

固定安装在电动汽车上运行的充电机。

7. 交流充电桩

采用传导方式为具备车载充电机的电动汽车提供交流电能的专用装置。

8. 供电系统

为充电站的运行提供电源的电力设备和配电线路总称。

9. 蓄电池管理系统

可以控制动力蓄电池的输入和输出功率，监视蓄电池的状态(温度、电压、电荷状态)，为蓄电池提供通信接口的系统。

10. 充电站监控系统

对充电站的供电设备、充电设备运行状态、环境监视及报警等信息进行采集，应用计算机及网络通信技术实现对站内设备的监视、控制和管理的系统。

二、 充电、 电池和充电机有关术语

(一) 充电有关术语

1. 充电

蓄电池从充电设备中获得电能的过程，称为充电。

2. 充电容量

蓄电池所充入的电量，称为充电容量。

3. 传导式充电

利用电传导给蓄电池进行充电的方式，称为传导式充电。

4. 恒流充电

蓄电池的充电电流在充电电压范围内维持在恒定值的充电，称为恒流充电。

5. 恒流限压充电

先以恒流方式进行充电，当蓄电池组电压上升到限压值时，充电装置自动转换为恒压充电，直至充电完毕，称为恒流限压充电。

(二) 电池有关术语

1. 电池更换设备

采用电池更换方式为电动汽车提供电能的设备称为电池更换设备。包括电池模块、充电架和电池模块装卸工具等。

2. 电池更换时间

电动汽车从就位后至完成电池更换(电动汽车自身具备行驶条件)所需的时间。

3. 额定载荷

更换设备设计所能承载的电池箱总质量。

4. 额定速度

在额定条件下，更换设备各机构的最大运行速度。

5. 侧向换电

电池箱安装在车体两侧时的电池箱更换方式。

6. 底部换电

电池箱安装在车体底部时的电池箱更换方式。

7. 端部换电

电池箱安装在车体前后端时的电池箱更换方式。

8. 换电高度

更换设备更换电池箱时，电池箱底面距地面的高度。

9. 单体蓄电池

构成电池的最小单元，一般由正极、负极及电解质等组成。

10. 蓄电池模块

一组相连的单体蓄电池的组合称为蓄电池模块。

11. 蓄电池组

由一个或多个蓄电池模块组成的单一机械总成称为蓄电池组。

12. 单箱蓄电池

由若干只单体蓄电池串联或并联组成的蓄电池组称为单箱蓄电池。内含蓄电池管理单元、通风散热部件等。

13. 整箱蓄电池

由若干单箱蓄电池构成的为整车提供动力电源的蓄电池组，包含蓄电池管理系统，称为整箱蓄电池。

14. 电池管理单元

对单箱蓄电池完成电压、温度等检测，同时可以将数据通信传输到其他设备，并可对通风散热部件进行控制，称为电池管理单元。

15. 电池管理系统

由若干个电池管理单元和电池管理主机形成的监视电池的状态或者向其他控制装置传送信息的装置，称为电池管理系统。

（三）充电机有关术语

1. 独立充电机

能单台独立运行的充电机，称为独立充电机。

2. 主控充电机

能控制与其并联工作的其他充电机协同运行的充电机，称为主控充电机。

3. 从属充电机

在主控充电机控制下才与其并联运行的充电机，称为从属充电机。

4. 电动汽车充电机

专为电动汽车的车用电池充电的设备，是从供电电源提取能量对电池充电的电力转换装置。

目前，电动汽车充电机主要采用相控型充电机和高频开关模块型充电机，而又以高频开关模块型充电机采用得较多。

第二节　电动汽车的分类、组成和传动原理

目前，电动汽车是汽车工业的一个热点，即将形成新兴产业，汽车制造厂商争先推出各型电动汽车，虽然其形式各异，但基本结构组成和传动原理大同小异。

一、电动汽车的分类

国内的电动汽车按其所供动力不同，可分为纯电动汽车、混合动力电动汽车、燃料电池电动汽车等三种类型。

（一）纯电动汽车

完全由车载可充电蓄电池或其他能量储存装置提供动力，用电动机驱动行驶的汽车，称为纯电动汽车。

（二）混合动力电动汽车

能够至少从两类车载的能量中获得动力的汽车，目前国内主要以电力驱动（即可再充电能/能量储存装置），同时搭载汽油或柴油内燃机。

混合动力电动汽车按连接方式可以分为串联式、并联式、混联式三种。串联式车辆的驱动力只来源于电动机的混合动力（电动）汽车。并联式车辆的驱动力

可同时来源于电动机及发动机，也可单独从电动机或发动机获得。混联式是同时具有串联式、并联式优点的混合动力(电动)汽车。

(三) 燃料电池电动汽车

以燃料电池作为动力源的电动汽车。

二、 电动汽车的结构组成

电动汽车的结构主要由电源、驱动电动机、电动机调速控制装置、传动装置、行驶装置、转向装置、制动装置等组成。

电源、驱动电动机、电动机调速控制装置是电动汽车的核心部件，也是其与内燃机汽车的最大区别。电动汽车的其他装置与内燃机汽车基本相同。

(一) 电源

电源是为电动汽车的驱动电动机提供电能的能量来源。目前国内电动汽车上应用最广泛的电源是铅酸蓄电池，但由于铅酸蓄电池比能量较低、充电速度较慢、寿命较短，逐渐被其他蓄电池所取代。正在发展的主要有钠硫电池、镍镉电池、锂电池、燃料电池、飞轮电池等。

(二) 驱动电动机

驱动电动机的作用是将电能转化为机械能，并通过传动装置或直接驱动车轮使汽车运行的机械装置。目前电动汽车上广泛采用直流串励电动机，这种电动机与汽车的行驶特性很相符。但直流电动机由于存在换向火花、比功率较小、效率较低、维护保养工作量大等缺点，势必逐渐被直流无刷电动机(BCDM)、开关磁阻电动机(SRM)和交流异步电动机所取代。

(三) 电动机调速控制装置

电动机调速控制装置是利用控制电动机的电压或电流，对电动机的驱动转矩和旋转方向进行控制的装置。

现在电动汽车上应用较广泛的是晶闸管斩波调速，通过均匀地改变电动机的端电压，控制电动机的电流，来实现电动机的无级调速。但随着电力技术的不断发展，晶闸管斩波调速装置将逐渐被其他电力晶体管斩波调速装置所取代。

电动机转向变换控制若采用直流电动机，依靠接触器改变电枢或磁场的电流方向，其电路复杂、可靠性降低。当采用交流异步电动机驱动时，电动机转向的改变只需变换磁场三相电流的相序即可，可使控制电路简化，使电动汽车的制动能量回收控制更加方便。

（四）传动装置

传动装置的作用是将电动机的转矩传给汽车的驱动轴。因为电动机可以带负载启动，所以电动汽车上无需传统内燃机汽车的离合器；因为电动机的转向可以通过电路控制实现变换，所以电动汽车无需内燃机汽车变速器中的倒挡；当采用电动机无级调速控制时，电动汽车可以忽略传统汽车中的变速器。

（五）行驶装置

电动汽车行驶装置的作用是使电动汽车在地面行驶。其行驶装置与其他汽车一样由车轮、轮胎和悬架等组成。

（六）转向装置

电动汽车的转向装置由转向机、方向盘、转向机构和转向轮等组成。其转向装置有机械转向、液压转向和液压助力转向等类型。

（七）制动装置

制动装置的作用是为汽车减速或停车，通常由制动器及其操纵装置组成。在电动汽车上一般还有电磁制动装置，它可利用驱动电动机的控制电路实现电动机发电运行，使蓄电池得以充电。

三、　电动汽车的传动组成及传动原理

电动汽车是至少以一种动力源为车载电源，全部或部分由电动机驱动，是符合道路交通安全法规的汽车。不同类型的电动汽车，其传动组成及传动原理有所差异。

（一）纯电动汽车的传动组成及传动原理

纯电动汽车的传动组成部件主要有蓄电池、逆变器、电机传动装置等。其传动原理为：蓄电池产生的直流电经逆变器转变为三相交流电提供给电动机，电动机将电能转化为机械能，通过传动装置或直接驱动车轮转动使汽车行驶。汽车在制动或减速时，电机作为发电机发出电能，向蓄电池再充电，达到节约能源的目的。纯电动汽车的传动组成及传动原理如图 2-1 所示。

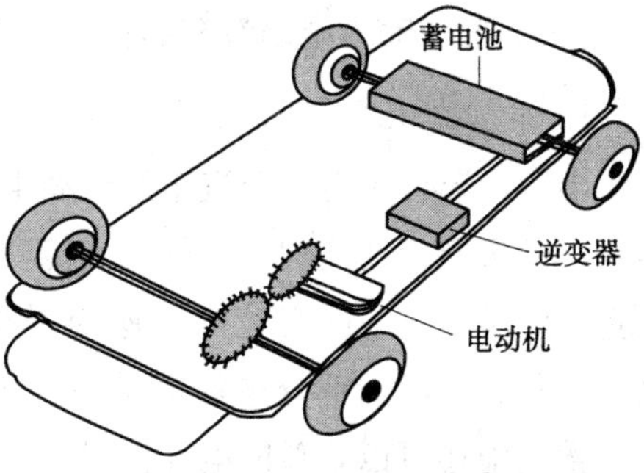

图 2-1　纯电动汽车的传动组成及传动原理示意图

（二）燃料电池汽车的传动组成及传动原理

燃料电池汽车传动组成部件主要有高压氢储存罐、空气压缩机、燃料电池组、蓄电池、能量控制单元和电动机等。其传动原理为：由高压氢储存罐、空气压缩机提供的氢和氧合成燃料电池，经过能量控制单元将燃料电池和蓄电池的能量提供给电动机，电动机驱动汽车驱动轴使车轮转动而使汽车行驶，燃料电池汽车传动组成及传动原理如图 2-2 所示。

燃料电池的氢与氧发生反应的产物只有水，故燃料电池汽车属于零排放或接近零排放汽车。燃料电池的效率随输出功率变化的特性比内燃机更适合于汽车的实际运行。

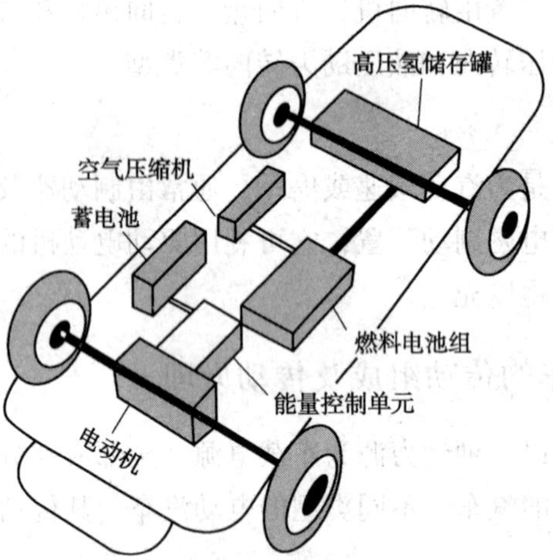

图 2-2　燃料电池汽车传动组成及传动原理示意图

（三）混合动力电动汽车的传动组成及传动原理

1. 串联式混合动力电动汽车的传动组成及传动原理

串联式混合动力电动汽车的传动组成主要有蓄电池、发动机、发电机、逆变器和电动机及传动机构等部件。其传动原理为：发动机和发电机用于发电，发出的直流电及蓄电池的直流电经逆变器变为交流电供给电动机驱动汽车车轮而行驶。另外，发出的部分电能向蓄电池充电，来延长混合动力电动汽车的行驶里程。蓄电池还可以单独向电动机提供电能来驱动电动汽车，使混合动力电动汽车在零污染状态下行驶。其传动组成和传动原理如图 2-3 所示。

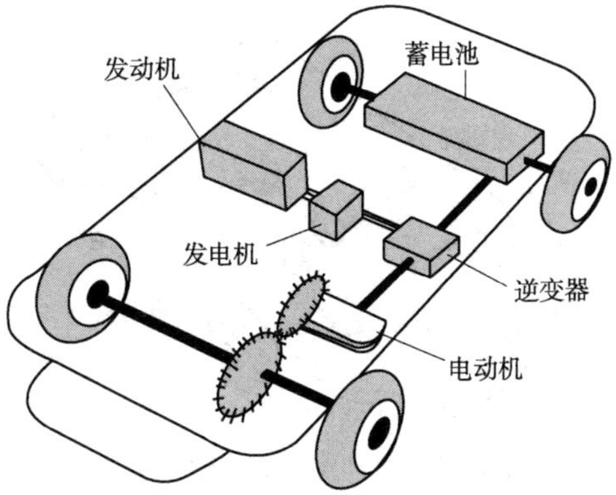

图 2-3　串联式混合动力电动汽车的传动组成及传动原理示意图

2. 并联式混合动力电动汽车的传动组成及传动原理

并联式混合动力电动汽车的传动组成主要有蓄电池、发动机、逆变器、电动机和耦合器等部件。其传动原理为：蓄电池和发动机发出的直流电经逆变器变为交流电供给电动机能量，电动机再通过传动机构和耦合器驱动汽车行驶。并联式驱动系统可以单独使用发动机或电动机作为动力源，也可以同时使用电动机和发动机作为动力源来驱动汽车。其传动组成及传动原理如图 2-4 所示。

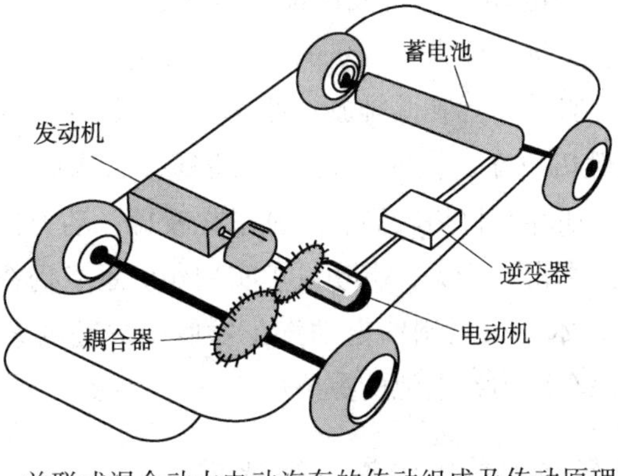

图 2-4　并联式混合动力电动汽车的传动组成及传动原理示意图

3. 混联式混合动力电动汽车的传动组成及传动原理

混联式混合动力电动汽车的传动组成主要有蓄电池、发电机、发动机、逆变器、电动机、行星齿轮机构等部件。其传动原理为：蓄电池和发动机、发电机发出的直流电经逆变器变为交流电供给电动机能量，电动机再通过行星齿轮机构驱动汽车行驶。其传动组成及传动原理如图 2-5 所示。

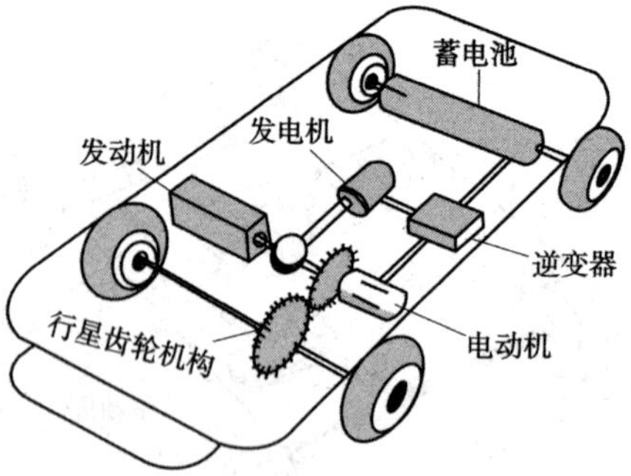

图 2-5　混联式混合动力电动汽车的传动组成及传动原理示意图

第三节　电动汽车的动力蓄电池

一、 电动汽车动力蓄电池的作用及改进的重要性

电动汽车行驶的机械能，是由电动汽车的动力蓄电池提供的电能转化而来的，所以动力蓄电池是电动汽车行驶的能源源头，它是电动汽车性能的核心部件，其性能的好坏、质量的优劣、容量的大小将直接影响电动汽车的使用性能。

电动汽车以电力驱动，行驶低排放、低噪声等环保性能及能量转化效率与安全性能等都优于内燃机汽车。同时电动汽车还具有结构简单、运行费用低等优点。但电动汽车目前还存在价格较高、续驶里程较短、动力性能较差等问题，而这些问题都与电源技术密切相关，电动汽车实用化的难点仍在于电源技术，特别是电池(化学电源)技术。目前制约电动汽车发展的关键因素是动力蓄电池不理想，可见改进电动汽车动力蓄电池的重要性。

二、 电动汽车动力蓄电池的性能要求

电动汽车所用的动力蓄电池与一般启动用的蓄电池不同，它是以较长时间的中等电流持续放电为主，启动、加速时才间或以大电流放电，并以深循环使用为主。电动汽车对动力蓄电池的基本要求归纳为以下几点：

(1) 高能量密度；

(2) 高功率密度；

(3) 较长的循环使用寿命；

(4) 较好的充放电性能;
(5) 电池一致性能好;
(6) 价格较低;
(7) 体积较小;
(8) 使用安全可靠;
(9) 维护简单方便;
(10) 方便保存等。

三、 电动汽车动力蓄电池的分类

动力蓄电池是电动汽车发展的关键，要想推广应用电动汽车，就要采用先进的蓄电池。经过十多年的筛选，目前开发的电动汽车动力蓄电池主要有铅酸电池、镍金属电池、锂离子电池、高温钠电池、金属空气电池、超级电容、飞轮电池以及具有更好发展远景的燃料电池和太阳能电池。

铅酸电池分为注水式铅酸电池和阀控式铅酸电池两类。正在开发用于电动汽车的主要有水平铅酸电池、双极密封铅酸电池、卷式电极铅酸电池等。

镍金属电池用于电动汽车上时，主要有镉镍电池和镍氢电池两种。

锂离子蓄电池一般可分为锂离子电池和锂聚合物电池两种。锂电池根据其电极的材料，可分为锰酸锂、磷酸铁锂、钴酸锂等电池。

高温钠电池主要有钠氯化镍电池和钠硫蓄电池两种。

超级电容根据电极材料的不同，可分为碳类超级电容(双电层电化学电容)和金属氧化物超级电容两类。

四、 电动汽车动力蓄电池的应用

(一) 铅酸电池

铅酸电池技术成熟、安全性好、成本低(铅酸电池的供电成本大体和柴油机供电相等)、市场化程度高、应用历史长，目前仍是应用最广的蓄电池。因此它是低端电动汽车市场的主要动力电池。但它存在质量大、寿命短、比能量低和充电时间长等缺点，因此限制了它在电动汽车上应用的远景。

(二) 镍氢电池

镍氢电池技术较成熟、安全性能较好、购置和使用成本较低，比能量大于铅酸电池、小于锂电池，是目前混合动力汽车所用电池体系中唯一被实际验证并被商业化、规模化的电池体系。

但是，镍氢电池记忆效应和充电发热等方面的问题直接影响到它的使用。此外，镍氢电池自放电率高、比能量较小，只能用在混合动力电动汽车上，这些缺点的存在使镍氢电池只能是过渡产品。随着技术的发展，将逐渐被锂离子电池及燃料电池所取代。

（三）锂电池

锂电池在2000年前后研制成功。锂电池具有体积小、质量轻、存储电能大、工作电压高、比能量大、循环寿命长、自放电率低、无记忆效应、无污染、安全性好等优点，被称为性能最优越的可充电电池，受到市场的广泛青睐。

锰酸锂、磷酸铁锂、钴酸锂三种电池比较，磷酸铁锂电池在安全性、循环寿命等方面均占优势，被认为是最具发展潜力的锂离子电池。

（四）燃料电池

从环境效应和长远利益考虑，燃料电池汽车是未来电动汽车的发展方向。但燃料电池目前性价比太低，要达到可以进入市场的性价比还很难。

第四节　电动汽车的充电机（桩）

一、　充电机的分类及简介

（一）充电机的分类

电动汽车充电机的分类，目前国内尚无正式统一标准，根据不同的分类方法可以分成多种类型：

（1）按安装位置分，可以分为车载充电机和地面充电机；

（2）按输入电源分，可以分为单相充电机和三相充电机；

（3）按连接方式分，可以分为传导式充电机和感应式充电机；

（4）按充电机的使用功能分，可以分为普通充电机和多功能充电机；

（5）若按所采用的功率变换元件及控制原理的不同，可以分为磁放大型充电机、相控型充电机及高频开关模块型充电机。

（二）充电机简介

1. 车载充电机

车载充电机是安装在电动汽车上的充电机。它可通过插座和电缆与交流插座连接，以三相或单相交流电源向电动汽车提供充电电源，所以车载充电机又称交流充电机。

车载充电机的车载蓄电池不管在任何时候、任何地方需要充电，只要有符合充电机额定电压的交流插座，就可以进行充电，这是它的优点。

车载充电机因受电动汽车的空间所限，所以它的功率较小，输出充电电流较小，蓄电池充电的时间较长，这是它的缺点。

车载充电机与充电电源连接如图 2-6 所示。

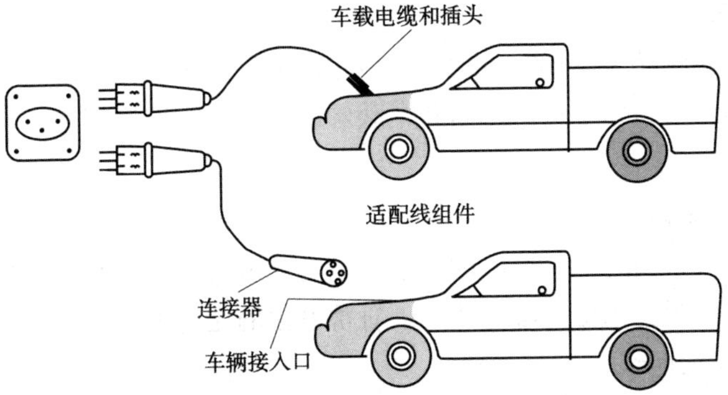

图 2-6 车载充电机与充电电源连接图

2. 地面充电机

地面充电机是安装在固定地点的充电机。充电机的交流输入电源已事先连接完成。充电机的直流输出端在充电操作时再与电动汽车连接，它是采用直流充电模式为电动汽车动力蓄电池总成进行充电的充电机，所以地面充电机又称直流充电机。直流充电模式是以充电机输出的可控直流电源直接对动力蓄电池总成进行充电。

地面充电机的功率较大，可以提供几百千瓦的充电功率，可以为电动汽车进行快速充电。电动汽车与地面充电机充电连接如图 2-7 所示。

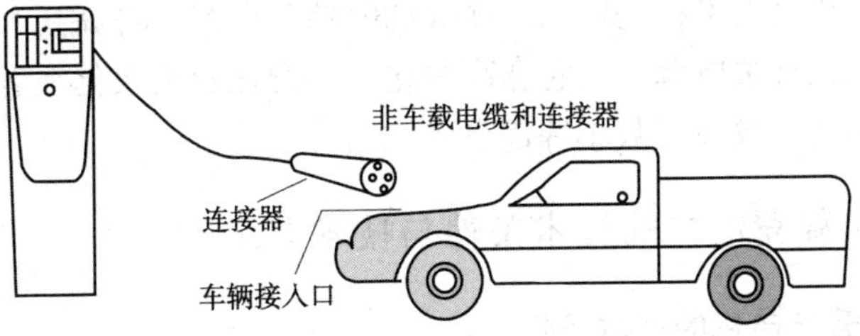

图 2-7 电动汽车与地面充电机充电连接图

3. 单相充电机

充电机的交流输入电源为单相电源，功率较小，一般用于车载充电机。

4. 三相充电机

充电机的交流输入电源为三相电源，功率较大，一般用于地面充电机。

5. 传导式充电机

在电动汽车上不装备电子电路，将充电机的输出端直接连接到电动汽车上，使两者之间形成实际的物理连接，这种连接的充电机称为传导式充电机。

6. 感应式充电机

利用电磁感应耦合方式向电动汽车传输电能，电磁感应装置与电动汽车两者之间没有物理连接，充电机由地面和车载两部分组成，这种充电机称为感应式充电机。

7. 普通充电机

普通充电机结构简单，只提供对蓄电池的充电功能，没有自动控制，也没有对电网谐波的抑制及无功补偿等功能。对蓄电池的充电由人工手动控制。

8. 多功能充电机

多功能充电机比普通充电机有所进步，除可提供对蓄电池的充电功能外，还能提供诸如对蓄电池进行容量测试、对电网谐波的抑制、无功补偿及负载平衡等功能。

9. 磁放大型充电机

磁放大型充电机由饱和电抗器和整流变压器构成，利用饱和电抗器的调整绕组进行调压，调试方便，接线简单。但容量较小，这是它的缺点。

10. 相控型充电机

相控型充电机是由接在隔离变压器二次绕组上的晶闸管整流器进行调压，接线虽然较复杂，但容量较大。

11. 高频开关模块型充电机

高频开关模块型充电机，取消了庞大的隔离变压器，将高频开关频率结合脉宽调制技术应用在开关电源上。它在高频化、小型化及模块化上有很大进步。具有输出稳流、稳压、纹波系数小等优点。

二、 非车载充电机的技术条件与技术要求

（一）非车载充电机的技术条件

非车载传导式充电机技术条件在 NB/T 33001—2010《电动汽车非车载传导式

充电机技术条件》中有明确要求，现摘编如下。

1. 基本构成

充电机的基本构成包括功率单元、控制单元、计量单元、充电接口、供电接口及人机交互界面等。

2. 功能要求

1）适用电池种类

充电机应能对下述电池中的一种或多种充电：锂离子蓄电池，镍氢蓄电池，铅酸蓄电池。

2）充电设定方式

充电设定方式可以分为自动设定方式和手动设定方式两种。

（1）自动设定方式：在充电过程中，充电机依据蓄电池管理系统提供的数据动态调整充电参数，执行相应动作，完成充电过程。

（2）手动设定方式：由操作人员设置充电方式、充电电压、充电电流等参数，充电机根据设定参数执行相应操作，完成充电过程。充电机采用手动设定方式时，应具有明确的操作指示信息。

3）通信功能

充电机应具有与电动汽车蓄电池管理系统通信的功能，判断充电机是否与电动汽车蓄电池系统正确连接；获得电动汽车蓄电池系统充电参数和充电实时数据。

充电机还应具有与上级监控管理系统通信的功能。

4）人机交互功能：

（1）显示功能：

① 充电机应显示的信息有：

（a）电池类型、充电电压、充电电流、电能量计量信息。

（b）电池单体最高/最低电压。

（c）故障及报警信息。

（d）在手动设定过程中应显示人工输入信息。

② 充电机可显示的信息有：电池温度、充电时间、设定参数、电池单体电压等。

（2）输入功能：充电机应具有实现手动输入和控制的功能。

5）计量功能

充电机应具有对输出电能量进行计量的功能。

6）低压辅助电源

充电机应为电动汽车提供低压辅助电源，用于在充电过程中为电动汽车蓄电池管理系统供电。

3. 技术要求

1）环境条件

（1）工作环境温度：-20～+50℃。

（2）相对湿度：5%～95%。

（3）海拔高度：≤1000m。

（4）在特殊环境下，充电机的使用应在厂家和用户之间进行协商。

（5）使用地点不得有爆炸危险介质，周围不得含有腐蚀性和破坏绝缘的有害气体及导电介质。

2）电源要求

（1）电压和电流：输入电压和电流要求见表2-1，允许电压波动范围为额定电压的±15%。

表2-1　充电机输入电压要求

输入方式	输入电流额定值 I_N/A	输入电压额定值/V
1	$I_N \leqslant 16$	单相220
2	$16 < I_N \leqslant 32$	单相/三相，220/380
3	$I_N > 32$	三相380

（2）频率：50Hz±1Hz。

3）耐环境要求

（1）防护等级：充电机的外壳防护等级应不低于GB 4208—2008中IP30（室内）或IP54（室外）。

（2）三防（防潮湿、防霉变、防盐雾）保护：充电机内印刷线路板、接插件等电路应进行防潮湿、防霉变、防盐雾处理。

（3）防锈（防氧化）保护：充电机铁质外壳和暴露在外的铁质支架、零件应采取双层防锈措施，非铁质的金属外壳也应具有防氧化保护膜或进行防氧化处理。

（4）防风保护：户外安装的充电机应能承受GB/T 4797.5—1992中表8规定的不同地区最大风速的侵袭。

（5）防盗保护：用于室外运行的充电机应具有必要的防盗措施。

4）温升要求

充电机在额定负载下长期连续运行，内部各发热元器件及各部位的温升应不超过表 2-2 中的规定。

表 2-2　充电机各部件极限温升

部件或器件		极限温升/K
功率器件		70
变压器、电抗器、B 级绝缘绕组		80
与半导体器件的连接处		55
与半导体器件连接处的塑料绝缘线		25
母线连接处	铜-铜	50
	铜搪锡-铜搪锡	60

5）防护要求

（1）允许温度：

① 在 40℃环境温度下，充电机可用手接触部分的允许最高温度应为：

（a）金属部分：50℃；

（b）非金属部分：60℃。

② 可以用手接触但不必紧握的部分，在同样条件下允许的最高温度应为：

（a）金属部分：60℃；

（b）非金属部分：85℃。

（2）电击防护：充电机的电击防护要求应符合 JB/T 5777.4—2000 中 7.7 的规定。

6）电气绝缘性能

（1）绝缘电阻：用开路电压为表 2-3 中规定的电压等级的测试仪器测量，充电机非电气连接的各带电回路之间、各独立带电回路与地(金属外壳)之间绝缘电阻不应小于 10MΩ。

（2）工频耐压：充电机非电气连接的各带电回路之间、各独立带电回路与地(金属外壳)之间，按其工作电压应能承受表 2-3 所规定的历时 1min 的工频耐压试验。试验过程中应无绝缘击穿和闪络现象。

（3）冲击耐压：充电机各带电回路对地(金属外壳)之间，按其工作电压应能承受表 2-3 所规定的标准雷电波的短时冲击电压试验，试验过程中应无击穿放电。

表 2-3　绝缘试验的试验等级

额定绝缘电压 U_I/V	绝缘电阻测试仪器的电压等级/V	工频耐压试验电压/kV	冲击耐压试验电压/kV
$U_I \leqslant 60$	250	1.0	1
$60 < U_I \leqslant 300$	500	2.0	5
$300 < U_I \leqslant 700$	1000	2.5	12

7）安全要求

（1）充电机应具备电源输入侧的过压保护、欠压告警。

（2）充电机应具备直流侧的过流、过压保护。

（3）充电机应具备绝缘监察及直流系统接地故障报警。

（4）充电机应具备急停开关，能通过手动或远方通信指令紧急停止充电。

（5）充电机在启动充电时应需人工确认启动。

（6）充电机应具有软启动功能，软启动时间为 3~8s。

（7）在充电过程中，充电机应保证蓄电池的充电电压和充电电流不超过允许值。

（8）在充电过程中，在蓄电池的温度超出允许限值时，充电机应停止充电。

（9）当充电机与电动汽车蓄电池系统正确连接后，充电机才能允许启动充电过程；当充电机检测到与电动汽车蓄电池系统的连接不正常时，必须立即切断直流输出。

（10）充电机应具有联锁功能，以保证与电动汽车分开以前车辆不能启动。在充电过程中，充电机应具有明显的状态指示和文字提示，防止人员误操作。

8）充电输出要求

（1）输出电压和电流范围：

① 输出电压：根据蓄电池组电压等级的范围，充电机输出电压分为三级：150~350V、300~500V、450~700V。

② 输出电流：充电机的输出直流额定电流宜采用 10A、20A、50A、100A、160A、200A、315A、400A(500A)。

（2）稳流精度：当交流电源电压在标称值的±15%范围内变化，输出直流电压在本标准 6.8.1 a)规定的相应调节范围内变化时，输出直流电流在额定值的 20%~100%范围内任一数值上应保持稳定，充电机输出电流稳流精度不应超过±1%。

（3）稳压精度：当交流电源电压在标称值±15%范围内变化，输出直流电流在额定值的 0~100%范围内变化时，输出直流电压在本标准 6.8.1 a)规定的相应调节范围内任一数值上应保持稳定，充电机输出电压稳压精度不应超过±0.5%。

(4) 纹波系数：当交流电源电压在标称值±15%范围内变化，输出直流电流在额定值的0~100%范围内变化时，输出直流电压在本标准6.8.1 a)规定的相应调节范围内任一数值上应保持稳定，输出纹波有效值系数不应超过±0.5%，纹波峰值系数不应超过±1%。

(5) 输出电流误差：在恒流状态下，输出直流电流设定在额定值的20%~100%范围内，在设定的输出直流电流大于等于30A时，输出电流整定误差不应超过±1%；在设定的输出直流电流小于30A时，输出电流整定误差不应超过±0.3A。

(6) 输出电压误差：

在恒压状态下，直流输出电压设定在本标准6.8.1 a)规定的相应范围内，输出电压整定误差不应超过±0.5%。

(7) 限压、限流特性：

① 充电机在恒流状态下运行时，当输出直流电压超过限压整定值时，应能自动限制其输出电压的增加，转换为恒压充电运行。

② 充电机在恒压状态下运行时，当输出直流电流超过限流整定值时，应能立即进入限流状态，自动限制其输出电流的增加。

9) 充电机效率和功率因数

当输出功率为额定功率的50%~100%时，功率因数不应小于0.9，效率不应小于90%。

10) 均流不平衡度

多台同型号的高频开关电源模块并机工作时，各模块应能按比例均分负载，当各模块平均输出电流为50%~100%的额定电流值时，其均流不平衡度不应超过±5%。

11) 谐波电流

充电机产生的谐波电流应不超过GB/T 19826—2005中5.4.2.2规定的限值。

12) 电磁兼容性

(1) 抗扰度要求：

① 静电放电抗扰度：充电机应能承受GB/T 17626.2—2006中第5章规定的试验等级为3级的静电放电抗扰度试验。

② 射频电磁场辐射抗扰度：充电机应能承受GB/T 17626.3—2006中第5章规定的试验等级为3级的射频电磁场辐射抗扰度试验。

③ 电快速瞬变脉冲群抗扰度：充电机应能承受 GB/T 17626.4—2008 中第 5 章规定的试验等级为 3 级的电快速瞬变脉冲群抗扰度试验。

④ 浪涌(冲击)抗扰度：充电机应能承受 GB/T 17626.5—2008 中第 5 章规定的试验等级为 3 级的浪涌(冲击)抗扰度试验。

(2) 无线电骚扰限值：

① 辐射骚扰限值：充电机应符合表 2-4 规定的辐射骚扰限值。

表 2-4 在 10m 测量距离处的辐射骚扰限值

序号	频率范围/MHz	准峰值限值/dB(μV/m)
1	30~230	40
2	230~1000	47

② 传导骚扰限值：

(a) 电源端子：充电机电源端子应符合表 2-5 规定的传导骚扰电压限值。

表 2-5 电源端子传导骚扰限值

频率范围/MHz	限值/dB(μV)	
	准峰值	平均值
0.15~0.50	79	66
0.50~30	73	60

(b) 信号和控制端口：充电机信号和控制端口应符合表 2-6 规定的传导骚扰电压限值和电流限值。

表 2-6 信号和控制端口传导共模(不对称)骚扰限值

频率范围/MHz	电压限值/dB(μV)		电流限值/dB(μA)	
	准峰值	平均值	准峰值	平均值
0.15~0.50	97~87	84~74	53~43	40~30
0.50~30	87	74	43	30

13) 机械强度

充电机应有足够的机械强度，能承受本标准 8.12 规定的机械冲击测试。试验后性能不应降低，确保防护等级不受影响，门的操作和锁止点不受损坏，不会因变形而使带电部分和外壳相接触。

14) 噪声

在额定负载和周围环境噪声不大于 40dB 的条件下，距充电机水平位置 1m

处，测得的噪声最大值应不大于65dB(A级)。

15）可靠性指标

平均故障间隔时间(MTBF)应不小于8760h。

(二) 非车载充电机的技术要求

非车载充电机技术要求在GB 50966—2014《电动汽车充电站设计规范》中有明确要求，现摘编如下。

1. 非车载充电机输出电压的选择要求

(1) 充电机的最高充电电压应根据电动汽车动力蓄电池的特性及电池单体串联数量确定。

(2) 充电机输出的直流电压范围宜优先从以下三个等级中选择：150~350V，300~500V，450~700V。

(3) 充电机的输出电压(U_r)可按下式计算：

$$U_r = nK_u U_{cm}$$

式中 n——电动汽车动力蓄电池的串联电池单体数量；

K_u——充电机输出电压裕度系数，宜取1.0~1.1；

U_{cm}——单体电池最高电压，V。

(4) 充电机直流输出电压范围宜从电压优选范围中选择一组最高电压大于或等于U_r的等级确定。

2. 非车载充电机输出额定电流的选择要求

(1) 根据电动汽车动力蓄电池的容量和充电速度以及供电能力和设备性价比，在确保安全、可靠充电的情况下确定最大充电电流。

(2) 充电机输出的直流额定电流应优先采用10A、20A、50A、100A、160A、200A、315A和400A。

(3) 充电机的输出直流额定电流(I_r)可按下式计算：

$$I_r = K_c I_m$$

式中 K_c——充电机输出电流裕度系数，宜取1.00~1.25；

I_m——电动汽车动力蓄电池最大允许持续充电电流，A。

(4) 应从电流优选值中选择一个大于或等于I_r的数值确定为充电机直流输出额定电流。

3. 非车载充电机的功能要求

(1) 具有根据电池管理系统提供的数据动态调整充电参数、自动完成充电过程的功能。

(2) 具有判断充电机与电动汽车是否正确连接的功能，当检测到充电接口连接异常时，应立即停止充电。

(3) 具有待机、充电、充满等状态的指示，能够显示输出电压、输出电流、电能量等信息，故障时应有相应的告警信息。

(4) 具有实现手动输入的设备。

(5) 具备交流输入过压保护、交流输入过流保护、直流输出过压保护、直流输出过流保护、内部过温保护等保护功能。

(6) 具备本地和远程紧急停机功能，紧急停机后系统不应自动复位。

4. 充电接口和充电连接器的要求

非车载充电接口应在结构上防止手轻易触及裸露带电导体。充电连接器在不充电时应放置在人不轻易触及的位置。对于安装在室外的非车载充电机，充电接口处应采取必要的防雨、防尘措施。

5. 通信的接口要求

非车载充电机应具备与电池管理系统通信的接口，用于判断充电连接状态、获得动力蓄电池充电参数及充电实时数据。

6. 通信的功能要求

非车载充电机应具备与充电站监控系统通信的功能，用于将非车载充电机状态及充电参数上传到充电站监控系统，并接收来自监控系统的指令。

7. 非车载充电机的布置与安装要求

(1) 充电机的布置应便于车辆充电，并应缩短充电机输出电缆的长度。

(2) 应采用接线端子与配电系统连接，在电源侧应安装空气开关。

(3) 充电机保护接地端子应可靠接地。

(4) 充电机应垂直安装于与地平面垂直的立面，偏离垂直位置任一方向的误差不应大于5°。

(5) 室外安装的非车载充电机基础应高出充电站地坪0.2m及以上，必要时可在非车载充电机附近设置防撞栏，其高度不应小于0.8m。

(6) 在多车同时充电时，各充电机及车辆应不影响其他充电机、车辆充电。

(7) 充电机的布置应符合防火、安全方面的要求。

三、交流充电桩的技术条件与技术要求

(一) 交流充电桩的技术条件

交流充电桩技术条件在NB/T 33002—2010《电动汽车交流充电桩技术条件》

中有明确要求，现摘编如下。

1. 基本构成

充电桩由桩体、电气模块、计量模块等部分组成。电气模块和计量模块应安装在桩体内部。桩体包括外壳和人机交互界面；电气模块包括充电插座、电缆转接端子排、安全防护装置等。

2. 功能要求

1）人机交互功能

（1）显示功能：充电桩应能显示各状态下的相关信息，显示字符应清晰、完整，没有缺损现象，对比度高，不应依靠环境光源辨认。

（2）输入功能：充电桩应具备手动设置充电参数的功能。

2）计量功能

充电桩应具备计量输出电能量的功能。

3）外部通信

充电桩应具备与外部通信的相关接口。

4）软件升级

充电桩应具备软件升级功能。

3. 技术要求

1）环境条件

充电桩的环境应满足以下条件：

（1）工作环境温度：-20～+50℃。

（2）相对湿度：5%～95%。

（3）海拔高度：≤1000m。

（4）在特殊环境下，由厂家和用户协商确定。

2）电源要求

（1）供电模式：交流单相(三相)。

（2）额定电压：220V(380V)。

（3）额定电流：32A。

3）结构要求

（1）充电连接方式：适用于GB/T 18487.1—2001中7.1所描述的A或B连接方式，充电电缆及插头由电动汽车自备。

（2）桩体结构应满足以下条件：

① 可采用落地式或壁挂式等安装方式。

② 应采用全封闭结构，密封性好，整体无外露锐角。表面涂覆色泽层应均匀光洁，不起泡、不龟裂、不脱落。

③ 外壳应采用抗冲击力强、抗老化的材质。

④ 应采用防盗设计。

(3) 电气模块应符合以下要求：

① 充电插座的电气性能应满足 GB/T 20234 中的相关要求。

② 由同一条馈线供电的充电桩应配备供电缆链接用的电缆转接端子排。

③ 漏电保护装置应安装在供电电缆进线侧。

④ 在充电状态下拔除插头，充电桩应即时断开负荷开关，中断充电过程。

(4) 计量模块应符合以下要求：

① 充电桩应装配交流电能表。

② 充电桩应配置电能表现场检定接口。

4) 性能要求

(1) 耐环境要求：

① IP 防护等级：充电桩的防护等级应不低于 IP32(室内)或 IP54(室外)。

② 三防(防潮湿、防霉变、防盐雾)保护：充电桩内印刷线路板、接插件等电路应进行防潮湿、防霉变、防盐雾处理，其中防盐雾腐蚀能力应能满足 GB/T 4797.6—1995 中表 9 的要求。

③ 防锈(防氧化)保护：充电桩铁质外壳和暴露在外的铁质支架、零件应采取双层防锈措施，非铁质的金属外壳也应具有防氧化保护膜或进行防氧化处理。

④ 电击防护：充电桩电击防护性能应能满足 GB 7251.1—2005 中 7.4 的要求。

(2) 电气绝缘性能：

① 绝缘电阻：充电桩输入回路对地、输出回路对地、输入对输出之间绝缘电阻不应小于 10MΩ。

② 工频耐压：充电桩非电气连接的各带电回路之间、各独立带电电路与地(金属外壳)之间，按其工作电压应能承受表 2-7 所规定的历时 1min 的工频耐压试验。试验过程中应无绝缘击穿和闪络现象。

③ 冲击耐压：充电桩各带电回路、各带电电路对地(金属外壳)之间，按其工作电压应能承受表 2-7 所规定的标准雷电波的短时冲击电压绝缘试验，试验过程中应无击穿放电。

表 2-7 绝缘试验的试验等级

额定工作电压交流均方根值或直流 U_i/V	工频电压/kV	冲击电压/kV
$U_i \leq 60$	1.0	1
$60 < U_i \leq 300$	2.0	5

(3) 电磁兼容：充电桩电磁兼容性能应满足 GB 7251.1—2005 中 7.10 的要求。

5) 安全要求

充电桩的安全要求包括以下内容：

(1) 非绝缘材料外壳应可靠接地。

(2) 应具备带负载可分合电路。

(3) 应安装漏电保护装置。

(4) 应安装过流保护装置。

(5) 应具备防雷击保护功能。

(6) 应具备急停开关。

(二) 交流充电桩技术要求

交流充电桩技术要求在 GB 50966—2014《电动汽车充电站设计规范》中有明确规定，现摘编如下。

(1) 交流充电桩供电电源应采用 220V 交流电压，额定电流不应大于 32A。

(2) 交流充电桩应具有为电动汽车车载充电机提供安全、可靠的交流电源的能力，并应符合下列要求：

① 具有外部手动设置参数和实现手动控制的功能和界面。

② 能显示各状态下的相关信息，包括运行状态、充电电量和计费信息。

③ 具备急停开关，在充电过程中可使用该装置紧急切断输出电源。

④ 具备过负荷保护、短路保护和漏电保护功能，具备自检及故障报警功能。

⑤ 在充电过程中，当充电连接异常时，交流充电桩应立即自动切断电源。

(3) 交流充电桩应具备与上级监控管理系统的通信接口。

(4) 交流充电桩的安装和布置应符合下列要求：

① 电源进线宜采用阻燃电缆及电缆护管，并应安装具有漏电保护功能的空气开关。

② 多台交流充电桩的电源接线应考虑供电电源的三相平衡。

③ 可采用落地式或壁挂式等安装方式。落地式充电桩安装基础应高出地面 0.2m 及以上，必要时可安装防撞栏。

④ 保护接地端子应可靠接地。
⑤ 室外的充电桩宜采取必要的防雨和防尘措施。
⑥ 在多车同时充电时，各充电机及车辆应不影响其他充电机、车辆充电。
⑦ 充电机的布置应符合防火、安全方面的要求。

第五节 电动汽车的充电模式与方法

一、 电动汽车充电模式

目前国内电动汽车的充电模式通常有慢速充电、快速充电、快速更换电池和便携式充电 4 种模式。

(一) 慢速充电

1. 充电方法

慢速充电又称常规充电或普通充电，是蓄电池常规的充电方法。它采用小电流恒压或恒流充电，充电电流约为 15A。充电速度很慢，一般充电时间为 5~8h，有的甚至 10~20h。

2. 优缺点分析

慢速充电模式的优点：所用的充电器及安装成本较低；通常利用用电低谷时段进行充电，充电成本降低；可提高充电效率和延长电池的使用寿命。

慢速充电模式有两大缺点：一是充电时间太长，客户需要等待的时间较长，当车辆有紧急运行需求时难以满足；二是停车场地有限，城里较难提供大型场地供电动汽车长时间停放和充电。因此，慢速充电模式难以满足未来大规模的充电需求。

3. 适用范围

因为慢速充电通常是利用晚间停运时间充电，所以必须满足车辆一天运营的需要，因此设计电动汽车的续驶里程应尽可能大。由于慢速充电以相当低的电流为蓄电池充电，因此在家里、停车场和公共充电站都可以进行。慢速充电站一般规模较大，以便能够同时为多辆电动汽车进行充电。

(二) 快速充电

1. 充电方法

常规蓄电池的充电方法一般时间较长，给实际使用带来许多不便。快速充电电池的出现，为纯电动汽车的商业化提供了技术支持。

快速充电又称应急充电，是以较大电流在短时间内为电动汽车充电服务。一般充电电流为 150~400A，充电时间在 20min~2h 内。

2. 优缺点分析

快速充电模式的优点：充电时间短，充电电池寿命长（可充电 2000 次以上）；没有记忆性，可以大容量充电及放电，约在 10~15min 时间内就能使电池储电量达到 80%~90%，与加油时间相仿，因此，建设快速充电站可不配备大面积停车场。

快速充电模式的缺点：充电器充电效率较低，且相应的工作和安装成本较高；由于采用快速充电，充电电流大，这就对充电技术方法及充电的安全性提出更高的要求，同时计量收费设计也需特别考虑。

3. 适用范围

因为车辆在运行的间隙中能进行快速补充电，可满足运营的需要，所以快速充电适用于电动汽车续驶里程适中的情况。由于快速充电需要大电流，可能会对公用电网产生有害影响，因而快速充电模式只适用于专用的充电站。

（三）快速更换电池

1. 充电方法

快速更换电池即电池组快速更换系统，来达到为其充电的目的。通过充电站的专用吊运机械，直接将电动汽车上的旧电池组更换成充电站的新电池组，充电站不对电动汽车上的旧电池组当即充电。

平时充电站集中对站内电池充电而作为备用，电动汽车客户到站后，可将其用过的电池快速更换成充电站已充好电的电池，更换时间可控制在 5min 以内。

2. 优缺点分析

1）快速更换电池的优点

（1）这种运营模式能够统一管理电池和充放电时间，可以利用低谷时段进行充电，高峰时段向电网反向充电，具有削峰填谷的作用。降低了充电成本，提高了车辆运行经济性。

（2）电动汽车用户可租用充满电的蓄电池，更换已经耗尽的蓄电池，有利于提高车辆使用效率，也提高了用户使用的方便性和快捷性，减少了客户购买电池的成本。

（3）有利于对电池进行统一管理和维护，对电池的维护具有积极意义。因充电有足够的时间，故可发现电池组中单电池的问题，从而进行维修。电池组放电程度的降低，也将有利于提高电池的寿命。

（4）随着电动汽车产业的不断发展及标准充电站和电池组的确立，快速更换电池的模式势必得到越来越广泛的应用。

2）快速更换电池的缺点

（1）电池与电动汽车的标准化要求较高；充电站的建设与管理和电池的流通管理比其他充电模式难度大。

（2）由于电池组重量较大，更换电池的专业化要求较强，需配备专业人员借助专业机械来快速完成电池的更换、充电和维护。

3. 适用范围

快速更换电池适用于电池组设计标准化和易更换的车辆。车辆运营中需要及时更换电池来满足运行，充电站中电池充电和车辆可实现专业化快速分开。由于电池组快速更换需要专业化进行，因而快速更换电池模式只适用于专用的充电站。

综上所述，以上三种充电模式各有特点和适用范围，在应用中也可以将上述三种方法进行有机结合，以达到实际的行驶要求。

（四）便携式充电

便携式充电模式主要用于有特定充电条件的民用住宅，其应具备的特定充电条件及实施方案如下。

1. 别墅便携式充电

具备三相四线表计，有独立的停车库。可以利用已有的住宅供电设施，从住宅配电箱专门放一路 $10mm^2$ 或 $16mm^2$ 的线路至车库的专用插座，来提供便携式充电电源。

2. 一般住宅便携式充电

具有固定的集中停车库，从充电安全考虑，一般要求地下停车库。可以利用小区原有的供电配套设施进行改造，必须根据小区已有的负荷容量来考虑。具体方案应根据小区的供电设施、方案以及小区的建筑环境具体来确定。

二、电动汽车充电方法

电动汽车蓄电池放电后，用直流电按与放电电流相反的方向通过蓄电池，使它恢复工作能力，这个过程称为蓄电池充电。蓄电池充电时，电池正极与电源正极相连，电池负极与电源负极相连，充电电源电压必须高于电池的总电动势。充电方式有恒电流充电和恒电压充电两种。

（一）恒电流充电法

恒电流充电法是用调整充电装置输出电压或改变与蓄电池串联电阻的方法，保持充电电流强度不变的充电方法。控制方法简单，但由于电池的可接受电流能力是随着充电过程的进行而逐渐下降的，到充电后期，充电电流多用于电解水产生气体，使出气过甚，因此，常选用阶段充电法，包括二阶段充电法和三阶段充电法。

1. 二阶段充电法

采用恒电流和恒电压相结合的快速充电方法。首先，以恒电流充电至预定的电压值，然后，改为恒电压完成剩余的充电。一般两阶段之间的转换电压就是第二阶段的恒电压。

2. 三阶段充电法

在充电开始和结束时采用恒电流充电，中间采用恒电压充电。当电流衰减到预定值时，由第二阶段转换到第三阶段。这种方法可以将出气量减到最少，但作为一种快速充电方法使用受到一定的限制。

（二）恒电压充电法

恒电压充电法是充电电源的电压在全部充电时间里保持恒定的数值，而随着蓄电池端电压的逐渐升高，电流逐渐减少。与恒电流充电法相比，其充电过程更接近于最佳充电曲线。用恒电压快速充电，由于充电初期蓄电池电动势较低，充电电流很大，随着充电的进行，电流将逐渐减小，因此，只需简易控制系统。

这种充电方法电解水很少，避免了蓄电池过充。但在充电初期电流过大，对蓄电池寿命造成很大影响，且容易使蓄电池极板弯曲，造成电池报废。鉴于这种缺点，恒电压充电很少使用，只有在充电电源电压低而电流大时采用。例如，汽车运行过程中，蓄电池就是以恒电压快速充电法充电的。

恒电压快速充电法分为以下几种：

1. 脉冲式快速充电法

这种充电法不仅遵循蓄电池固有的充电接受率，而且能够提高电动汽车蓄电池充电接受率，从而打破了蓄电池指数充电接受曲线的限制，这也是蓄电池充电理论的新发展。

2. 2REFLEXTM 快速充电法

这种技术是美国的一项专利技术，它主要面对的充电对象是镍镉电池。由于它采用了新型的充电方法，解决了镍镉电池的记忆效应，因此，大大降低了蓄电池的快速充电时间。铅酸蓄电池的充电方法和对充电状态的检测方法与镍镉电池有很大的不同，但它们之间可以相互借鉴。REFLEXTM 充电法的一个工作周期包括正向充电脉冲、反向瞬间放电脉冲、停充维持 3 个阶段。

3. 变电流间歇快速充电法

这种充电方法建立在恒流充电和脉冲充电的基础上。其特点是将恒流充电段改为限压变电流间歇充电段。充电前期的各段采用变电流间歇充电的方法，保证加大充电电流，获得绝大部分充电量。充电后期采用定电压充电段，获得过充电量，将电池恢复至完全充电状态。通过间歇停充，使蓄电池经化学反应产生的氧气和氢气有时间重新化合而被吸收掉，使浓差极化和欧姆极化自然而然地得到消除，从而减轻了蓄电池的内压，使下一轮的恒流充电能够更加顺利地进行，使蓄电池可以吸收更多的电量。

4. 变电压间歇快速充电法

在变电流间歇充电法的基础上，人提出了变电压间歇充电法。与变电流间歇充电法不同之处在于，第一阶段不是间歇恒流，而是间歇恒压。在每个恒电压充电阶段，由于是恒压充电，充电电流自然按照指数规律下降，符合电池电流可接受率随着充电的进行逐渐下降的特点。

第六节　电动汽车干扰源

电动汽车的电磁环境是指电动汽车在运行过程中，车上电子电气设备承受来自车内、车外各种各样的电磁干扰，以及电动汽车、电子设备向外界辐射的电磁干扰。车上的电子电气设备在这样的环境下应能维持正常工作，不发生性能下降甚至破坏等情况。由于电动汽车可以行驶到各种地方，因此其电磁环境差异也很大。电动汽车电磁干扰大致可分为三类，即车载干扰源、自然干扰源和人为干扰源。

一、　车载干扰源

车载干扰源主要是指车上各种电子电气系统产生的电磁干扰。

电动汽车电路中出现的各种瞬变电压，或者电路开断瞬间触点之间产生的电火花和电弧等，都可能影响车上敏感设备的正常工作。车载干扰源主要有驱动系统、动力电池、功率变换器、继电器、点辅助系统、开关、通信设备以及微处理器等电子设备。电压和电流的快速暂态都会产生辐射和噪声，距离这些设备较近的电子设备有可能产生故障，特别是电机驱动模块的快速整流、电机启动、高压辐射更会引起较高场强的传导及复合骚扰。

车载干扰源的电磁传播模式很复杂，它有传导干扰和辐射干扰两种形式。传导耦合要求在源于接收器之间有完整的电路连接，通常有三种耦合通路：公共电源、公共回路和导线间的近场耦合，前两种都属于传导耦合。

一般情况下，在电动汽车系统的辐射干扰中，共模高频干涉占据着主导地位，而其他频段干扰较小。驱动系统开关元件动作引起的噪声通过共模和差模回路进行传播，蓄电池和变换器相连的直流母线或电缆记忆连接交流电机和变换器的交流电缆中流过较大的瞬变电流，电流流动时可通过长导线向外发生辐射或通过串扰对相邻导线进行干扰。由于电动汽车空间及结构的原因，电动汽车高压导线和低压控制线不可避免地会出现耦合和串扰。

二、 自然干扰源

自然干扰源是由于自然现象引起的电磁干扰。比较典型的自然界电磁现象产生的电磁噪声有大气噪声、太阳噪声、宇宙噪声以及静电放电等。大多数情况下，这种电磁噪声非常复杂，并且对电动汽车的干扰影响可以忽略。但是，闪电和静电放电可能会产生很大的瞬变场强。闪电是一个非常复杂的过程，其电流超过 10kA，上升时间不到 1μs。电动汽车上的直接电击很少，但是闪电引起的场强很大，在 200m 处为 100kV/m，在 175km 处为 4V/m。乘客和座椅之间的摩擦以及电动汽车车身在行驶过程中与空气的摩擦都会形成静电，高压静电在放电时会影响电子设备的工作，甚至造成永久性破坏。

三、 人为干扰源

人为干扰源是指由电动汽车外部人工装置产生的电磁干扰，主要有：其他车辆的辐射干扰，车外的雷达、无线电台发射机、移动通信设备等发射的电磁波干扰，以及高压输电线的电晕放电等。

第七节 充电机谐波对供电系统的影响与控制对策

电动汽车充电机属于非线性设备，会产生谐波电流注入电网，影响电网电能质量。因此应采取对策，抑制其谐波电流注入供电系统，以保证电能质量，降低电能损耗，确保电网安全、经济运行。

一、充电机谐波电流冲击对供电系统的影响

充电机产生的高次谐波电流，对供电系统主要影响如下。

（一）谐波会影响电容器正常使用

（1）高次谐波电流会加速电容器绝缘老化，降低使用寿命，使电容器中介质损失增加，甚至引起严重的事故。

（2）高次谐波电流容易使电网与用于补偿电网无功功率的并联电容器发生局部并联或串联谐振，造成电容器过电压或过电流，特别是在谐振情况下，电容器可能严重过电流，从而产生爆炸。

（二）谐波会影响电能计量的准确度

充电站电能的计量是收费的依据，所以电能的计量必须准确，但由于传统的测量表是以固定频率 50～60Hz 标准标定的，对频率的变化不灵敏，谐波电流会影响电能计量，增大计量负误差。

（三）谐波会增大电力系统的电能损耗

谐波会增大电力系统的电能损耗，直接增加了充电站的运营成本。

（1）当 3 次谐波电流流过三相四线的配电系统的中性线时，会使中性线的导线过载、发热。同时，中性线与相线之间的电压发生变化，大量的 3 次谐波电流流过中性线时会导致中线过热，从而增大电力系统的电能损耗，严重时会发生火灾。

（2）谐波电流使电网中的元件产生附加的谐波损耗，如使电动机附加损耗、发热增加，过载能力、使用寿命和效率降低，产生脉动转矩。另外，谐波降低了发电、输电及用电设备的效率。

（四）谐波会影响通信效果

谐波电流对通信线路和临近的通信系统产生干扰，轻者产生噪声，降低通信质量，重者导致信息丢失，使通信系统无法正常工作。

（五）谐波对晶闸管和导线的影响

谐波电流注入，会影响晶闸管设备的稳定运行。

当谐波电流流过三角形连接的供电变压器时，谐波电流会在三角形内部循环流动，导致导线过热。

（六）谐波对保护装置的影响

由于谐波电流和谐波电压的存在，过电流、过电压和欠电压等保护装置会产生错误的报警，甚至跳闸。

（七）谐波对电气设备的影响

谐波电流在输电线路上的压降会使用户端的电压波形产生严重畸变，影响电气设备的正常工作。谐波使电容器、电缆等设备过热，绝缘老化，寿命缩短，以致损坏。

二、充电站对供电系统谐波控制的主要对策

因为谐波对充电站供电系统有较大影响，所以应采取如下对策予以控制。

（一）充电站应达到谐波消除的目标值

充电站谐波监测点为充电设施接入点，谐波消除考核标准应依据 GB/T 14549—1993《电能质量　公用电网谐波》及 GB/Z 17625.6—2003《电磁兼容　限值　对额定电流大于 16A 的设备在低压供电系统中产生的谐波电流的限制》的规定。充电站应达到这两个标准谐波消除的目标值。

（二）控制注入公共连接点的谐波电流允许值

因为谐波对充电站供电系统高压侧电压等级有影响，所以 GB/T 14549—1993《电能质量公用电网谐波》中，对注入公共连接点的谐波电流允许值做了明确规定，见表 2-8。

表 2-8　注入公共连接点的谐波电流允许值

标称电压/kV	基准短路容量/MVA	2~20 谐波次数对应的谐波电流允许值/A																		
		2	3	4	5	6	7	8	9	10	11	12	13	14	15	16	17	18	19	20
10	100	25	20	13	20	8.5	15	6.4	6.8	5.1	9.3	4.3	7.9	3.7	4.1	3.2	6.0	2.8	5.4	2.6
35	250	15	12	7.7	12	5.1	8.8	3.8	4.1	3.1	5.6	2.6	4.7	2.2	2.5	1.9	3.6	1.7	3.2	1.5

从表 2-8 中可知，在相同条件下，充电站由低一级电压等级的电源供电，更能使更多的充电机注入公共连接点的谐波电流允许值满足国家标准的要求。

（三）尽量选择充电站供电系统高压侧线路合适的长度

变压器高压侧供电线路的长度也是充电站对供电系统的谐波冲击因素之一。

由供电线路较长换来的各次谐波电流的减小幅度不大，却造成了电压的降落和电压的畸变。而由较近的上级电源供电，则使充电站供电电源质量更高，经济效益更高。

(四) 控制充电站充电机的台数

充电站充电机台数的增加，谐波电流的有效值也有所增加，因此应控制充电站充电机的台数。

(五) 充电站设备运行及检修对谐波的影响

充电站的设备运行及检修对谐波也有影响，所以应使充电站的设备经常处于正常运行并适时检修。

1. 变压器或整流模块故障及检修

由于12脉波整流装置由两组6脉波整流装置通过变压器的不同绕组接线构成，当单组整流装置模块或单台变压器发生故障进行检修时，整流装置的工作状况将发生变化，从而使特征谐波的次数降低，造成特征谐波电流含有量上升和电流总谐波畸变率升高。

鉴于此，对二级电力用户和容量较大的充电站，建议采用整流变压器。对三级电力用户的充电站，可安排每年检修一次，并在夜间进行；也可采用两台绕组联结组别分别为Dynll和Yyn0的配电变压器。

2. 控制换相缺口产生的高频振荡

当交流电源侧的短路容量与整流装置容量之比在20以上时，还可能出现电压波形的换相缺口现象，从而产生多个高频率谐波，易引发高频振荡。每次换相均发生两次短路和断开，换相缺口可以分解为多次谐波分量，虽然每个谐波分量较小，且谐波频率在29~43Hz频段，但其谐波合成值可能较大。

3. 尽量做到低压配电系统三相平衡

充电站整流装置安装在低压母线侧，若电源侧不对称或各相低压负荷不平衡，会造成低压三相电压不平衡，从而导致三相电压在过零点时比预期值超前或滞后，使整流桥各臂的延迟角出现偏差，还将造成整流导通角对正常导通角的偏差。三相电压不平衡主要产生3倍的非特征谐波电流，因此在工程设计中要尽量做到低压配电系统三相平衡。

4. 控制变压器阻抗的平衡

整流变压器三相阻抗在制造工艺上总会存在一定程度的偏差，使换相阻抗不平衡，导致整流装置各臂的导通和截止过程中的换相角度出现差异，产生3倍的非特征谐波电流。为尽量减小谐波电流值，应对变压器的各相阻抗偏差值提出严格要求。

（六）正确选择充电站供配电系统的用户级别及接线方式

按照充电站在经济社会中占有的重要程度，可划分为二级和三级两类电力用户。

二级电力用户的充电站宜由两回路高压电源供电，两回路高压电源宜引自不同的变电站，也可引自同一变电站的不同母线段。三级电力用户的充电站可由单回路电源供电，系统宜采用单母线接线或单母线分段接线。

为减小谐波电流对电网的影响，充电站内的充电装置不同相位的两路或多路交流输入进线应均匀接入充电机高频开关电源模块上，以实现 12 或以上脉波整流。

为实现 12 脉波整流，在工程中常采用联结组别为 Dd0、Yn11 的整流变压器或两台联结组别分别为 Dyn11 和 Yyn0 的配电变压器。

（七）尽量由容量较大的系统供电

充电站的供电系统应由容量较大的系统供电，当系统容量增大时，无论是从谐波源还是从低压母线侧为端口看，其等值阻抗值均降低，整流装置产生的谐波在变压器高、低压侧的电压畸变率均降低，同时系统谐振点向频率更高的方向移动。

（八）增大充电机整流装置的脉波数

采用 6 脉波整流时的电流总谐波畸变率为 30%，采用 6 脉波整流并配置 5 次及以上滤波器时的电流总谐波畸变率为 9%；采用 12 脉波整流时的电流总谐波畸变率为 10%，采用 12 脉波整流并配置 11 次及以上滤波器时的电流总谐波畸变率为 5%。由此可见，采用 12 脉波整流并配置滤波装置抑制谐波的作用非常明显。所以充电站应采用 12 脉波整流并配置滤波器的方案。

（九）安装电力有源/无源滤波器降低谐波电流

滤波器包括无源滤波器和有源滤波器。无源滤波器运行稳定可靠、结构简单、价格便宜，但其滤波效果易受温度、频率、滤波电容及电抗制造偏差等因素影响；有源滤波器瞬时产生与谐波电流大小相等且方向相反的电流，以中和谐波电流。

（十）合理增大单台充电机的滤波电感

合理增大充电机的滤波电感值，可降低充电机的电流畸变率，该方法简便、实用，但滤波电感值增大，功率损耗也会增加，同时充电机制造成本增加、体积增大。所以应对单台充电机的滤波电感合理增大，不能无限增大。

（十一）减小充电机功率变换单元等效电阻

根据充电机直流输出参数，选择功率变换单元的结构，降低功率变换单元的等效电阻，即可抑制充电机的电流畸变率。

（十二）采用功率因数校正技术

在充电机前端采用功率因数校正装置，也是提高功率因数、降低谐波含量的有效手段。

功率因数校正装置分为有源和无源两种类型。无源装置的优点是简单、无需控制，而缺点是体积较大，且功率因数仅能校正至0.8左右，谐波含量仅能降低至50%左右，效果不甚理想。有源装置能将功率因数校正至0.995，谐波含量能降低至5%以下，效果理想，但缺点是成本较高，其价格一般比无源装置高30%~40%，因此有条件时宜采用有源装置。

（十三）抑制相控型晶闸管充电设备产生的高次谐波

抑制相控型晶闸管充电设备产生的高次谐波的方法主要有以下5种。

（1）整流变压器联结组别采用Yd或Dy，抑制3次谐波。

（2）整流的相数越多，整流后的直流电压的纹波系数越小，高次谐波的含量也就越小。所以应增加整流脉冲相数。

（3）触发系统工作不可靠，运行中的晶闸管丢失触发脉冲以后不能导通，会使纹波系数变大，影响整流电源质量。所以应选用性能良好、运行可靠的触发系统。

（4）采用电容、电感构成的Γ型滤波电路，抑制高次谐波的影响。

（5）大容量的晶闸管设备采用调谐滤波器，带移相绕组的整流变压器等抑制高次谐波。

第三章　电动汽车充电站各系统概述

第一节　充电站供配电系统概述

一、 充电站供配电系统应符合的标准

（1）充电站供配电系统应符合现行国家标准 GB 50052—2016《供配电系统设计规范》的有关规定。

（2）充电站变压器室、配电室应符合 GB 50053—2013 标准的要求。

（3）充电站低压配电部分应符合 GB 50054—2011 标准的要求。

二、 充电站配电系统的要求

充电站配电系统应符合下列要求：

（1）中低压配电系统宜采用单母线或单母线分段接线，低压接地系统宜采用 TN-S 系统。

（2）低压进出线开关、分段开关宜采用断路器。来自不同电源的低压进线断路器和低压分段断路器之间应设机械闭锁和电气联锁装置，防止不同电源并联运行。

（3）低压进线断路器宜具有短路瞬时、短路短延时、短路长延时和接地保护功能，宜设置分励脱扣装置，不宜设置失压脱扣装置或低压脱扣装置。

（4）非车载充电机、监控装置以及重要的用电设备宜采用放射式供电。

三、 充电站无功功率补偿的要求

充电站无功功率补偿应符合下列要求：

（1）无功功率补偿装置宜设置在变压器低压侧，补偿容量宜按最大负荷时变压器高压侧功率因数不低于 0.95 确定。

（2）当用电设备的自然功率因数满足变压器高压侧功率因数不低于0.95的要求时，可不加装低压无功功率补偿装置。

四、 充电站供配电线路选择和设计要求

（一）充电站供配电线路选择

充电站宜选择中压线路供电；用电设备容量在100kW及以下或需用的变压器容量在50kVA以下的，可采用低压线路供电。

（二）充电站供配电线路的设计要求

充电站供配电线路的设计应符合下列要求：

（1）中压电力电缆宜选用铜芯交联聚乙烯绝缘类型，低压电力电缆宜选用铜芯交联聚乙烯绝缘类型，也可选用铜芯聚氯乙烯绝缘类型。

（2）低压三相回路宜选用五芯电缆，单相回路宜选用三芯电缆，且电缆中性线截面应与相线截面相同。

（3）三相用电设备的电力电缆的外护套宜采用钢带铠装。单芯电缆的外护套不应采用导磁性材料铠装。

（4）交流单芯电缆不宜单根穿钢管敷设，当需要单根穿管时，应采用非导磁管材，也可采用经过磁路分隔处理的钢管。

五、 充电站供配电方式、 容量和设备选择

（一）充电站供配电方式选择

根据充电站的规模、容量和重要性，可选择不同的供电方式：

（1）配电容量大于等于500kVA的充电站，宜采用双路10kV电源供电方式。

（2）配电容量大于等于100kVA、小于500kVA的充电站，宜采用双路电源供电方式，根据具体情况可采用10kV或0.4kV供电方式。

（3）配电容量小于100kVA的充电站，宜采用0.4kV供电方式。

（二）充电站供配电容量选择

充电站供电系统的容量应满足充电站内充电、照明、监控、办公等用电的要求，并留有一定裕度。

（三）充电站供配电设备选择

1. 充电站供配电变压器联结方式选择

用于充电站供配电的变压器，宜采用Dynll联结方式。

2. 充电站开关柜的选择

充电站开关柜宜选用小型化、无油化、免维修或少维护的产品。

六、充电站供配电装置的布置

(1) 供配电装置的布置应符合现行国家标准 GB 50053—2013《20kV 及以下变电所设计规范》的有关规定，遵循安全、可靠、适用的原则，便于安装、操作、搬运、检修和调试。

(2) 当建设场地受限时，中、低压开关柜可与变压器设置在同一房间内，且变压器应选用难燃型或不燃型，其外壳防护等级不应低于 IP2X。

第二节 充电站电能质量保障系统概述

一、电压允许偏差及控制

充电站供配电系统的供电电压允许偏差应符合下列要求：

(1) 10kV(20kV)及以下三相供电的电压偏差应为标称电压的±7%。

(2) 220V 单相供电电压偏差应为标称电压的+7%～-10%。

充电站设计应选择合理的变压器变压比和电压分接头、降低系统阻抗、补偿无功功率、调整三相负荷平衡等减小供电电压偏差的措施。

二、电压波动限值及控制

(1) 充电站所产生的电压波动和闪变在电网公共连接点的限值应符合现行国家标准 GB/T 12326—2008《电能质量、电压波动和闪变》的有关规定。

(2) 当充电站的波动负荷引起电网电压波动和闪变时，宜采用动态无功补偿装置或动态电压调节装置等措施进行改善，对于具有大功率充电机的充电站，可由短路容量较大的电网供电。

三、电网产生的谐波分量限值

充电站中的充电机等非线性用电设备接入电网产生的谐波分量，应符合现行国家标准 GB 17625. 1—2003《电磁兼容限值、谐波电流发射限值(设备每相输入电流≤16A)》和 GB/Z 17625. 6—2003《电磁兼容限值对额定电流大于 16A 的设备在低压供电系统中产生的谐波电流的限制》的有关规定。

四、 电网谐波电流和电压的正弦畸变率及控制

充电站接入电网所注入的谐波电流和引起公共连接点电压的正弦畸变率应符合现行国家标准 GB/T 14549—1993《电能质量公用电网谐波》的有关规定。当需要降低或控制接入公用电网的谐波和公共连接点电压正弦畸变率时，宜采取装设滤波器等措施进行改善。

五、 三相电压不平衡允许限值及调整方法

充电站供配电系统中，公共连接点的三相电压不平衡允许限值应符合现行国家标准 GB/T 15543—1993《电能质量三相电压不平衡》的有关规定。当充电站低压配电系统的三相不平衡度不满足要求时，宜调整接入充电站三相系统的低压单相充电设备使三相平衡。

六、 电网接入点的电能质量要求

充电站在公用电网接入点的电能质量应符合以下规定：

(1) 功率因数应达到 0.9 以上。

(2) 谐波电压限值不应超过 GB/T 14549—1993 标准中第 4 章规定的允许值。

(3) 谐波电流允许值不应超过 GB/T 14549—1993 标准中 5.1、5.2 的规定。

第三节　充电站充电系统概述

一、 一般要求

(1) 充电接口的功能和技术要求应符合《电动汽车充电接口》国家标准。

(2) 充电接口要防止手轻易触及露电部分。

(3) 可移动充电接口在不充电时应放置在人不轻易触及的位置，并采取防火、防尘措施。

(4) 充电输入电源接口在室外时，其安装高度应离地面 0.4m 以上，且应安装在合适的防雨箱内。

(5) 为防止温度过高和防潮湿，充电机应安装通风设施并安放在距地面一定

高度，满足防雨、防积水要求。

(6) 充电机应尽量缩短充电电缆长度，其电缆应至少可以抵抗车轮碾压。

(7) 充电系统应符合防火安全要求。

二、 国家标准要求

充电站充电系统要求，在 GB/T 29781—2013《电动汽车充电站通用要求》中有明确规定，现摘编如下。

(一) 充电设备要求

(1) 非车载充电机和交流充电桩的功能要求和技术指标应符合国家相关标准的规定。

(2) 非车载充电机和交流充电桩的充电接口及连接电缆应符合国家相关标准的规定。

(二) 安装和布置要求

(1) 充电设备的布置应便于充电车辆停放和充电人员操作。

(2) 在多车同时充电时，各充电机及车辆应不影响其他充电机、车辆的充电。

(3) 充电设备安装在室外时，应安装防雨、雪的顶棚。

(4) 充电设备安装在室内时，为防止温度过高，宜安装通风设施。

(5) 充电设备宜安装在距地面一定高度的地方，满足防雨、防积水要求。

(6) 充电设备的布置宜尽量缩短充电电缆长度，以节约材料和能耗。

第四节　充电站监控系统概述

一、 监控系统的主要术语定义

(一) 监控系统

应用信息、网络及通信技术，对充电站、电池更换站内设备运行状态和环境等进行监视、控制和管理的系统。能够将站内充电设备、电池箱更换设备、配电设备、视频及环境监控设备及站内其他智能设备状态信息、参数配置信息、充电、换电过程实时信息等进行集成，实现站内设备的监视、控制和管理，并具备与上级监控管理系统通信的功能。

（二）站控层

由主机或和操作员站及其他功能站构成，面向充电站及电池更换站进行运行管理的中心控制层。

（三）间隔层

由充电监控单元、电池更换监控单元、供电监控单元、视频及环境监控单元以及其他智能设备、网络控制和接口设备等组成，面向单元设备的监测、控制层。

二、监控系统的建设原则

充电站及电池更换站监控系统的建设应遵循如下原则：

（1）有利于实现全系统的信号采集、安全稳定控制和事故/故障处理，提高系统运行的可靠性、经济性，确保充电及电池更换的安全性。

（2）应简化监控系统的硬件配置，避免重复，实现资源共享。

（3）监控系统的建设应符合国家和行业现行相应标准的规定。

三、监控系统的构成

（一）监控系统的组成

充电站监控系统主要由供电监控系统、充电监控系统和安防监控系统组成。

（二）监控系统结构

（1）充电站监控系统应由站控层、间隔层及网络设备构成，监控系统可按照GB 50966—2014《电动汽车充电站设计规范》附录A进行结构设计，规模较小的充电站可根据实际需要进行简化。

（2）站控层应由计算机网络连接的主机操作员工作站和各种功能站构成，实现充电站内运行各系统的人机交互，实现相关信息的收集和实时显示、设备的远程控制以及数据的存储、查询和统计，并可与相关系统通信。

（3）间隔层由站内充电监控单元、电池更换监控单元、供电监控单元、视频及环境监控单元、各种网络、通信接口设备等构成，应能采集设备运行状态及运行数据，实现上传至站控层、接收和执行站控层控制命令的功能。

（三）网络结构

（1）站控层各主机之间宜采用以太网连接。

（2）站控层宜采用单网。

（3）站控层和间隔层之间宜采用星型以太网连接，通信协议应符合 NB/T 33007—2013《电动汽车充电站/电池更换站监控系统与充换电设备通信协议》的有关规定。

（4）间隔层宜采用以太网连接。

（5）视频及环境监控系统宜单独组网。

（6）监控系统与上级监控管理系统之间的通信宜采用专线或网络通道方式。

（7）监控系统与上级监控管理系统的纵向连接以及监控系统内部各系统的横向连接应符合电力系统安全防护的相关规定。

（四）硬件设备

（1）监控系统的硬件设备：

① 站控层设备：包括主机/操作员工作站、电能计费工作站（选配）、运营管理工作站（选配）、视频及环境监控工作站及其他各项接口设备。

② 间隔层设备：包括充电监控单元、电池更换监控单元、供电监控单元、视频及环境监控单元和安防终端等。

③ 网络设备：包括网络交换机、光/电转换设备、网络接口设备、网络连线及网络安全设备、电缆和光缆等。

（2）站控层配置应满足整个系统的功能要求及性能指标要求，主机资源应与监控系统所控制采集的设计容量相适应，并留有扩充裕度。

（3）主机/操作员工作站宜采用单机配置。

（4）电能计费工作站应能完成站内电能数据的采集和处理等工作，并确保电能数据的准确、完整与可靠。

（5）二次设备室内网络通信介质宜采用超五类及以上屏蔽双绞线。通往户外的通信介质宜采用光缆。

（五）软件系统

监控系统软件应包括系统软件、支持软件和应用软件。

（1）系统软件应包括操作系统、完整的设备诊断程序、完善的整定、调试软件和数据库。

（2）支持软件应包括通用和专用的编译软件及其编程环境、管理软件、人机接口软件、通信软件等。

（3）应用软件应采用结构式模块化设计，保证系统的稳定性、可修改性和可重用性并提供友好的操作界面。

（六）系统配置

系统配置应遵循下列原则：

（1）站控层配置应能满足整个系统的功能要求及性能指标要求，主机容量应与监控系统所控制采集的设计容量相适应，并留有扩充裕度。

（2）主机系统宜采用单机配置，规模较大的充电站可采用双机冗余配置，热备用运行。

（3）应设置时钟同步系统，其同步脉冲输出接口及数字接口应满足系统配置要求。

四、监控系统的功能

（一）站控层功能要求

1. 数据库的建立与维护

（1）监控系统应建立实时数据库，存储并不断更新来自I/O单元及通信接口的全部实时数据。

（2）实时数据库和应用软件数据库应具备可按设定的时间间隔对数据点进行周期性保存的功能。

（3）监控系统应建立历史数据库，存储并定期更新需保存的历史数据和运行报表数据。

（4）历史数据库中数据类型应包括实时测量数据和状态数据、各类累加(包括积分)数据、统计计算数据、事件/告警信息、事件顺序记录(SOE)信息等。

（5）历史数据应能根据需要方便进行选择和组合，并按用户要求存放到指定的存储介质上。

（6）监控系统应提供访问历史数据库的接口，以进行历史数据的查询和处理。

（7）数据库维护应包括增加、删除或修改数据库参数，并可进行在线维护。

2. 监视和报警

（1）监视：监控系统应能对站内主要设备运行参数和设备状态、通信状态和通信报文进行监视，并实时显示。信息应能分层、分级、分类显示，可以人工定义画面显示内容。

（2）报警：监控系统应能对站内设备状态异常、故障、测量值越限、突变及监控系统软、硬件、通信接口及网络故障时进行报警处理。报警应分层、分级、分类处理，起到事件的过滤作用，应能现场灵活配置报警的处理方式。报警应采用不同颜色、不同音响予以区别，并自动启动事件记录打印。

3. 控制与操作

(1) 控制范围：站内所有充电设备、电池箱更换设备、配电断路器及与控制运行相关的其他重要设备。

(2) 充电的控制功能应包括充电开始/停止/紧急停止的控制、充电模式的调整。

(3) 对自动电池箱更换设备的控制功能包括电池箱更换设备操作模式的选择、电池箱更换设备启动/停止/移动/急停控制、指定位置电池箱取放。

(4) 手动控制宜分层分级：上级监控管理系统层、站控层、间隔层，优先权为间隔层第一、站控层第二、上级监控管理系统层第三。在通信故障时，控制层应能向相邻的高优先权自动切换，三种控制层之间应相互闭锁，同一时刻只能允许一级控制。

(5) 自动控制应包括顺序控制与调节控制。

4. 事件顺序记录

(1) 站内重要设备的状态变化应列为事件顺序记录(SOE)，主要包括：

① 非车载充电机、交流充电桩及电池箱、电泡箱更换设备等设备的关键状态信号。

② 配电一次设备断路器、隔离开关动作信号及其操作机构各种监视信号。

③ 配电二次保护设备、电源及监控装置的动作信号、故障信号。

(2) 事件顺序记录的任何信息都不可被修改，但可对多次事件中的某些记录信息进行选择、组合，以利于事后分析。

(3) 事件顺序记录的分辨率应不大于 2ms。

(4) 事件顺序记录的时标为事件发生时刻各装置本身的时标。

(5) 事故追忆的时间跨度、记录点的时间间隔应能自行方便设定。

5. 人机界面

(1) 应能通过主机/操作员工作站为运行人员提供灵活方便的人机联系手段，实现整个系统的监视和控制。

(2) 设备参数、模拟量限值及开关量状态应能按一定权限进行修改并予以记录。

(3) 应能按要求对充电、电池更换、供电及其他监控设备的各种功能进行投退，并对信号进行远程确认和复归。

6. 管理功能

应能根据运行要求，实现各种管理功能，包括运行操作指导、事故分析检索、在线设备管理、操作权限管理、其他日常管理等。

7. 统计及计算

（1）应能对电池箱、电池箱更换设备、充电设备、充电架等设备实时数据进行统计分析。

（2）应能对电能量分时段和方向进行累计。

（3）应能对配电一次设备的负荷率、损耗及经济运行进行分析。

（4）应能对谐波实时数据统计分析。

（5）应能对其他纳入监控系统范围设备的正常操作、事故跳闸次数、设备投退、通道异常、设备运行时间及各项操作进行分类自动记录和统计。

（6）安全运行天数应能自动累计并显示。

8. 制表打印

（1）应能按要求定时打印时报表、日报表、月报表及年报表。

（2）应能打印月内任意一天的时报表、日报表和年内任意一月的月报表。

（3）事故时应能自动打印报警记录、测量值越限记录、开关量变位记录、事件顺序记录和事故追忆记录等，并能实现画面打印功能。

9. 系统自诊断与自恢复

（1）系统在线运行时，应能对本系统的软硬件定时进行自诊断，当诊断出现故障时应能自动闭锁或退出故障单元及设备，并发出告警信号。

（2）应提供应用软件和数据库的备份与恢复工具。当设备冗余配置时，在线设备发生硬、软件故障应能自动切换至备用设备。

10. 时钟同步

（1）监控系统对时方式应灵活方便，可采用网络报文方式对时、标准时钟信号方式对时或两者组合的方式。

（2）网络报文方式对时的系统时钟精度应不大于1s。

（3）标准时钟信号对时，站控层、间隔层各监控单元与标准时钟信号的误差应不大于1ms。

11. 电能量处理及计费

（1）应能对采集电能量进行处理。

（2）应能对电能量进行分时段统计与处理。

（3）应能适应运行方式的变化而自动改变计算方法。

（4）应具备与上级计量计费主站的通信接口。

12. 视频及环境监控系统

（1）应能对采集视频及环境监控信号进行处理。

（2）视频及环境监控工作站主机应能安装视频及环境监控系统客户端程序模块，实现下述主要功能：

① 云台控制、画面选择等功能。

② 事故报警、开关跳闸等事件的推镜头画面。

③ 对某些必要的设备进行可视化校验，其视频文件还可方便地存入数据库中，作为历史数据保存。

④ 管理功能包括视频及环境监控信息的显示、存储、检索、回放等。

（3）应具备与一级视频及环境监控主机的通信接口。

13. 远传功能

（1）站内监控系统应具备接入上级监控管理系统的通信接口。

（2）站控层宜能同时支持网络通道和/或专线通道两种方式与上级监控管理系统连接，并可根据实际需要灵活配置。通信协议应能满足上级主站数据的传输要求。

（3）应能将站内各设备的通信状态通过遥信方式上送至上级监控管理系统。

（二）间隔层功能要求

间隔层充电监控单元、电池更换监控单元、供电监控单元、视频及环境监控单元等监控设备，应具备就地数据采集、控制、显示、传输、时间同步等功能。

1. 充电监控单元

（1）采集并上送监控系统信息包括：

① 充电设备工作状态、报警信号、故障信号、电压、电流、电量等。

② 电池箱温度、荷电状态（SOC）、电压、电流、电池箱故障信号等。

（2）应具备充电设备下发控制命令，遥控起停、校时、紧急停机、远方设定充电参数等功能。

（3）充电设备应能将空置、就位、正在充电和充满等状态指示信息送至充电架。

（4）应具备事件记录功能，包括操作记录、系统故障记录、参数异常记录等。

（5）应能对实时采集的模拟量进行有效性检查及相应处理，对实时采集的开关量进行消除接点抖动的过滤处理。

（6）应能对设备状态异常、故障、数据越限、突变及监控系统软硬件、通信接口网络故障进行报警处理。

2. 电池更换监控单元

（1）应能采集并上送电池箱更换设备的位置、工作状态、故障信息。

（2）应能接收站控层工作站启动、停止、移动、急停命令及更换电池箱位置等信息。

（3）应具备事件记录功能，包括操作记录、系统故障记录、参数异常记录等。

3. 供电监控单元

（1）应能采集/上传供电系统的开关状态、保护信号、电压、电流、有功功率、无功功率、功率因数、电能量等信息。

（2）应能控制供电系统开关的分合操作。

（3）应能对供电系统越限报警、事件记录、故障统计等数据进行处理。

（4）与配电自动化系统的接口应符合 DL/T 814《配电自动化系统功能规范》的相关要求。

4. 视频及环境监控单元

（1）就地监视设备应包括各种功能摄像机、红外对射报警探测器等，应能与站控层工作站配合，实现防盗、防火、防人为事故的监控，对充电站及电池更换站设备如充电设备、电池箱、电池箱更换设备、配电设备等进行监视。

（2）视频及环境监控单元应具备以下控制功能：

① 摄像机的左右、上下、远景/近景，近焦/远焦控制。

② 画面切换和摄像机控制。

③ 云台、镜头、灯光等远程控制。

④ 布防/撤防控制。

（3）视频及环境监控单元应能在发生报警时自动进行存盘录像，同时发送报警设备相关视频并自动提示地理图上报警位置，视频及环境监控设备宜能与相关设备联动。

（4）视频压缩宜采用 MPEG4 或 H. 264 数字编码。

（5）视频及环境监控单元宜支持 TC/IP 协议。

（6）视频及环境监控单元信息应能上传至视频及环境监控工作站。

5. 其他智能设备接口

站内电能质量监测装置、火灾自动报警装置以及其他智能设备应能通过以太网或 485 串行数据口与监控系统通信，必要时也可通过规约转换器接入监控系统。

五、 对监控系统的要求

（一）对系统的一般要求

（1）系统应实现对充电机运行和动力蓄电池充电过程的监控、保护、控制、管理和事故下紧急处理及数据存储、显示和统计。

（2）系统应由监控主站、监控终端及通信网络构成。

（3）系统必须具有有效防病毒措施。

（4）供电监控系统应实时采集和记录供电系统运行信息，对供电状况、电能质量、开关状态、设备安全等进行监视和控制，保证对充电站安全供电；

（5）充电监控系统局域网与其他信息系统互联时，必须采取可靠的安全隔离措施。

（6）安全监控系统包括充电站环境、设备安全、防火、防盗及视频监控，应在发生危及安全情况时发出声光报警，并保存发生事件后至少 1h 内的详细事故信息。

（二）对供电监控系统的要求

（1）供电监控系统应实时采集和记录充电站供电系统运行信息，对供电状况、电能质量、开关状态、保护信号、电压、电流、有功功率、无功功率、功率因数和电能计量信息和设备运行参数等进行监视和控制。

（2）供电监控系统应能控制供电系统负荷开关或断路器的分合。

（3）规模较大的充电站供电监控系统应具备供电系统的越限报警、事件记录和故障统计功能。

（三）对充电监控系统的要求

（1）充电监控系统宜具备数据采集、控制调节、数据处理与存储、事件记录、报警处理、设备运行管理、用户管理与权限管理、报表管理与打印、可扩展、对时等功能。

（2）充电监控系统应具备下列数据采集功能：

① 采集非车载充电机工作状态、温度、故障信号、功率、电压、电流和电能量。

② 采集交流充电桩的工作状态、故障信号、电压、电流和电能量。

（3）充电监控系统应实现向充电设备下发控制命令、遥控启停、校时、紧急停机、远程设定充电参数等控制调节功能。

（4）充电监控系统应具备下列数据处理与存储功能：

① 充电设备的越限报警、故障统计等数据处理功能。

② 充电过程数据统计等数据处理功能。

③ 对充电设备的遥测、遥信、遥控、报警事件等实时数据和历史数据的集中存储和查询功能。

(5) 充电监控系统应具备操作、系统故障、充电运行参数异常、动力蓄电池参数异常等事件记录功能。

(6) 充电监控系统应提供图形、文字、语音等一种或几种报警方式，并具备相应的报警处理功能。

(7) 充电监控系统应具备对设备运行的各类参数、运行状况等进行记录、统计和查询的设备运行管理功能。

(8) 充电监控系统可根据需要规定操作员对各种业务活动的使用范围和操作权限，实现用户管理和权限管理功能。

(9) 充电监控系统可根据用户需要定义各类日报、月报及年报，实现报表管理功能，并实现定时或召唤打印功能。

(10) 充电监控系统应具备下列可扩展性：

① 系统应具有较强的兼容性，以完成不同类型充电设备的接入。

② 系统应具有扩展性，以满足充电站规模不断扩容的要求。

(11) 充电监控系统可以接受时钟同步系统对时，以保证系统时间的一致性。

(12) 充电站充电监控系统由监控主站、监控终端及通信网络构成。

① 监控主站实现充电设备相关信息的收集和实时显示、充电设备的远程控制以及数据的存储、查询和统计等。

② 监控终端采集充电设备状态及充电运行数据，上传至监控主站，并接收和执行监控主站的控制命令。

(四) 对安防监控系统的要求

1. 安防监控系统的组成单元

充电站安防监控系统由视频工作站、嵌入式硬盘录像机、红外对射报警装置、消防报警主机、温湿度传感器、摄像头、门禁装置、高压脉冲电子围栏等单元组成。

2. 安防监控系统的主要功能

安防监控系统包括充电站环境监控、设备安全监控、防火、防盗及视频监控等功能。

应在发生危及安全事件时发出声光报警，并能显示、记录、回放事件前后的监控信息，信息保存时间应满足相关管理要求。

安防监控系统可以接受时钟同步系统对时，以保证系统时间的一致性。

3. 安防监控系统各单位元件的功能

（1）视频工作站的功能：主要控制并处理前端设备采集的各种数据。

（2）客户端监控软件功能：包括对镜头的控制功能、动态拍照功能、报警联动处理、录像检索与回放功能、录像导出与备份功能。

（3）温、湿度传感器的功能：主要采集配电室内和各设备室内的温度、湿度。

（4）嵌入式硬盘录像机的功能：主要处理摄像机、报警器采集的图像和报警信息。

（5）红外对射报警装置的功能：对充电站四周进行监控，当有人越过站区围墙时，红外对射报警装置启动，使监控后台机发出报警，提醒工作人员现场查看。

（6）消防报警主机的功能：对充电站的火灾信息进行采集，具有自动和手动报警功能。

（7）摄像头监控功能：采集监控区域内场景情况和充电站内主控室、值班室、休息室、营业室、设备室等场景情况。

（8）门禁装置的功能：主要是对设备室和值班室的人员进出控制。具备刷卡开门方式和信息记录功能(能记录门禁开启时间及开启人的卡号、姓名、单位等信息)，所有的信息能远程读取，能按时间、地点进行多种组合的权限设置，具备非法闯入报警、非法卡刷卡报警等多种报警功能。

（9）高压脉冲电子围栏的功能：电子围栏周界防范系统对边界围墙或对内部建筑物外墙贴边的区域，若有入侵者，可第一时间警示事发现场情况，及时告知安保人员赶往现场处理，也可和其他安防系统联网，提高周界现场威慑的等级和警戒监控的水平。

4. 安防监控系统设计应遵循的标准

（1）充电站安防监控系统的设计应符合现行国家标准 GB 50348—2018《安全防范工程技术规范》的有关规定，宜设置视频安防监控系统，并具有入侵报警、出入口控制设计。

（2）视频安防监控系统的设计应符合现行国家标准 GB 50395—2007《视频安防监控系统工程设计规范》的有关规定，并符合下列要求：

① 根据安全管理要求，在充电站的充电区和营业窗口宜设置监控摄像机。

② 视频安防监控系统宜具有与消防报警系统的联动接口。

（3）入侵报警系统的设计应符合现行国家标准 GB 50394—2019《入侵报警系统工程设计规范》的有关规定。根据充电站的安全管理要求，宜在充电站内的供电区和监控室设置入侵探测器。

（4）充电站出入口控制系统的设计应符合现行国家标准 GB 50396—2007《出入口控制系统工程设计规范》的有关规定。根据充电站的安全管理要求，宜在充电站出入口设置出入口控制设备。

5. 安防监控系统的主要性能指标

（1）系统可用率：>99%。

（2）同屏同时可监视的充电站个数：≥4 个。

（3）监控中心的监控终端(工作站)图像切换响应时间：<1s。

（4）图像传输帧速率：12~25 帧/s 可调。

（5）图像分辨率：达到 CIF 格式(352×288)以上(包括 CIF 格式)。

（6）计算机显示分辨率：≥800×600。

（7）系统时钟精度：<1s。

（8）系统平均无故障工作时间(MTBF)：>30000h。

（9）系统平均维护时间(MTTR)：<0.5h。

（10）计算机 CPU 平均负荷率：<30%。

（11）监控画面显示与实际事件发生时间差：<0.5s。

（12）事件报警到系统自动记录相应画面时间差：<1s。

（13）各报警探头报警到后台显示时间差：<1s。

（14）各报警探头报警到监控中心显示时间差：<3s。

(五)对监控室的布置要求

（1）监控室宜单独设置。当组成综合建筑物时，监控室宜设在一层平面，并且应为相对独立的单元。

（2）监控室宜与充电场所毗邻布置。

（3）监控室不宜与高压配电室毗邻布置，如与高压配电室相邻，应采取电磁屏蔽措施。

（4）监控室应采取防静电措施。

（5）监控室门的位置和数目应考虑操作员的人数以及与监控室外的功能区域的联系，并满足国家有关安全规范(如消防)的要求。

（6）窗户设置应在操作员的视野之内，窗户的尺寸大小或视频监视设备的配置应能使监控室的操作者对充电场所的环境一目了然。

六、监控系统的主要技术指标

（一）系统可靠性指标

（1）模拟量测量综合误差：≤1%。

（2）系统可用率：≥99.9%。

（3）遥测合格率：≥98%。

（4）遥控正确率：≥99.99%。

（5）遥信正确率：≥99%。

（二）系统实时性指标

（1）模拟量越死区传送时间（至站控层显示屏）：≤2s。

（2）开关量变位传送时间（至站控层显示屏）：≤1s。

（3）开关量信号输至画面显示相应时间：≤2s。

（4）系统控制操作响应时间（从发出指令到现场变位信号返回）：≤4s。

（5）实时数据扫描周期：≤2s。

（6）画面实时数据更新周期：3s。

（7）动态画面响应时间：≤2s。

（三）其他技术指标

（1）各工作站 CPU 平均负荷率：

① 正常时（任意 30min 内）：≤30%。

② 事故时（10s 内）：≤50%。

（2）网络平均负荷率：

① 正常时（任意 30min 内）：≤20%。

② 事故时（10s 内）：≤40%。

（3）历史曲线日报、月报储存时间：≥2 年。

（四）监控室的设备电磁抗扰

可参照一般工业标准，间隔层设备及网络设备的抗扰性宜符合以下试验等级要求：

（1）静电放电抗扰度，符合 GB/T 17626-4-2，4 级。

（2）辐射电磁场抗扰度，符合 GB/T 17626-4-3，3 级（网络要求 4 级）。

(3) 快速瞬变脉冲群抗扰度，符合 GB/T 17626-4-4，4 级。

(4) 浪涌(冲)抗扰度，符合 GB/T 17626-4-5，3 级。

(5) 电磁感应的传导抗扰度，符合 GB/T 17626-4-6，3 级。

(6) 工频磁场抗扰度，符合 GB/T 17626-4-8，4 级。

(7) 脉冲磁场抗扰度，符合 GB/T 17626-4-9，5 级。

(8) 阻尼振荡磁场抗扰度，符合 GB/T 17626-4-10，5 级。

(9) 振荡波抗扰度试验，符合 GB/T 17626-4-12，2 级(信口端口)。

七、 监控系统的工作电源

(1) 监控系统站控层应采用 AC 220V/50Hz 交流不间断电源(UPS)供电。UPS 采用成套装置或由直流电源和逆变电源组成。UPS 的容量选择应留有裕度。

(2) 监控系统电源的其他要求可参照 DL/T 5149—2001 中“10 电源”的规定执行。

(3) UPS 电源备用时间不小于 1h。

八、 监控系统防雷与接地

(1) 监控系统雷电电磁脉冲防护(以下简称为防雷)应做到统筹规划、整体设计，从接地、屏蔽、均压、限幅及隔离五个方面来采取综合防护措施。

(2) 监控系统选用的设备应符合电子设备雷电防护要求。

(3) 监控系统防雷设计应符合 GB 50343 的规定。

(4) 监控系统宜采用共用接地装置接地，接地电阻不大于 1Ω。采用专用接地装置时，接地电阻不大于 4Ω。

第五节 充电站火灾报警系统概述

一、 火灾报警系统的组成

火灾报警系统由火灾报警控制器、火灾探测器、火灾报警装置、手动报警按钮、声光警报器、输出模块及电源等部分组成。

(一) 火灾报警控制器

1. 火灾报警控制器的作用及发展

火灾报警控制器的作用主要是接收、显示和传递火灾报警信号，并能对自动消防设备发出控制信号的报警装置。

随着科技的发展，报警控制器也有很大发展，新型报警控制器采用模块化结构、网络仿真及社会智能消防网络等技术，使消防报警控制器更加智能化。

2. 火灾报警控制器的功能

火灾报警控制器具有火灾报警自检功能、消音功能、复位功能、故障报警功能、火警优先功能、报警记忆功能、电源自动转换和备用电源的自动充电功能、备用电源的欠压和过压报警功能。

通过火灾报警控制器可查询每个火灾探测器的地址及模拟输出量，其响应值可自动浮动、分级报警、逐一监视，提高了系统的可靠性，降低了误报率。

（二）火灾探测器

1. 火灾探测器的作用

火灾探测器的作用是监视环境中有没有火灾发生。一旦发生火情，便将火灾的特征物理量如烟雾浓度、温度、气体和辐射光强等特征转换成电信号，并向报警控制器发送及报警。它是火灾报警系统的重要组件，是消防报警系统的“感觉器官”。

2. 火灾探测器的类型及选择

根据监测的火灾特性不同，火灾探测器可分为感烟、感温、感光、复合和可燃气体等类型。火灾探测器的选择，要根据探测区域内可能发生的初期火灾的形成和发展特点、房间高度、环境条件以及可能引起误报的原因等因素综合确定。

（三）火灾报警装置

火灾报警装置由报警控制器实行控制，在有火灾信号时，相应区域发出灯光、音响报警，对人员起到警示作用，以便快速进行火灾处理。

（四）手动报警按钮

手动报警按钮是由人工操作的按钮。在工作现场发生火警时，由人工按动手动报警按钮向报警控制器发送报警信号。

（五）输出模块

工作场所现场发生火警时，火灾报警控制器发出控制信号，由输出模块切断相关场所的风机及空调的控制电源。

（六）电源

火灾报警装置是充电站重要的消防设施，因而必须为其提供可靠的供电电源，使系统保证正常运行。

二、 火灾报警系统的作用与设置

（一）火灾报警系统的作用

火灾报警系统的作用是能早期发现和通报火灾，及时采取有效措施控制和扑灭火灾，减少或避免火灾损失，保护人身和财产安全。

（二）火灾报警系统的设置

火灾报警控制器安装在充电站的监控室内，在需要监控的场所安装火灾探测器、手动报警按钮、消防警铃等设备。当场所发生火灾时，探测器发出报警信号至监控室火灾报警控制器，火灾报警控制器显示相应位置的火灾信息，并启动相应位置的报警，通过 RS-485 口将信息送至充电站的监控系统。

三、 火灾报警的处置

不同的火灾报警控制器其报警处置方法不同，此处以 JB-QG/QT-GST200 火灾报警控制器为例进行介绍。

（一）真实火警的处置

当发生火灾报警时，控制器所连接的警报器发出报警声，提示人员有火警存在，若值班人员检查确认是真实火灾发生，应根据火情采取相应措施。

(1) 启动报警现场的声光报警器发出火警声光提示，通知现场人员撤离。

(2) 拨打消防报警电话报警。

(3) 启动消防灭火设备等。

（二）误报警的处置

有报警，但值班人员发现不是真实火警时，可以按“声光警报消音/启动”键来禁止警报器和音响器发出声音报警，警报器消音的同时控制器的“声光警报消音”指示灯亮。之后还应采取如下措施：

(1) 检查误报火警部位是否灰尘过大、温度过高，确认是人为误报警还是环境因素造成的误报警。

(2) 按“复位”键使控制器恢复正常状态，观察是否还会误报；如果仍然发生误报，可将其屏蔽，并尽快通知安装单位或厂家进行维护。

（三）火灾报警控制器反复报警操作

火灾报警控制器在第一次报警复原后，若再有新的火警发生将会再次发出声音报警，同时，控制器的“声光警报消音”指示灯熄灭。

火灾报警控制器也可以通过按下“警报器消音/启动”键来手动启动控制器所连接的警报器，控制器将提示“按确认键启动所有警报输出”，在按确认键后，警报器和音响器将启动。“警报器消音/启动”键需要使用用户密码(或更高级密码)解锁后才能进行操作。

四、 火灾报警器的故障及排除

(一) 确认故障及其部位

火灾报警器若发生故障时，应根据控制器的故障信息确认是否真有故障发生，并检查发生故障的部位。

(二) 故障处置与排除

若确认火灾报警器有故障发生，首先应按“消音”键中止警报声，并应根据情况采取以下相应措施排除故障：

(1) 若是主电源故障，先应确认是否为市电停电，若市电无故障时，再检查主电源的接线和熔断器是否发生断路。若主电源断电时，可用备电源连续供电 8h。

(2) 若是备用电源故障，应检查备用电池的连接器及接线；当备用电池连续工作时间超过 8h 后，也可能因电压过低而报备电故障。

(3) 若为现场设备故障，则应及时维修。若不能及时排除故障时，则应将其屏蔽，待故障排除后取消屏蔽功能将设备恢复。

(4) 若故障原因不明或无法恢复，应尽快通知安装单位或厂家进行维护。

(5) 若发现有异常声音、光指示及气味等情况，应立即关闭电源，并尽快通知安装单位或厂家进行维护。

第六节 充电站电能计量和计费系统概述

一、 充电站电能计量系统组成及总要求

(一) 充电站电能计量系统组成

充电站的电能计量系统包括两部分：充电站和电网之间的计量，充电设备和电动汽车之间的计量。

（二）充电站电能计量系统总要求

（1）充电站和电网之间的电能计量由供电单位按照国家标准实施。

（2）充电设备和电动汽车之间的计量要求如下：

① 交流充电桩应选用符合国家计量标准的交流电能表计量，安装在交流充电桩和电动汽车之间。

② 非车载充电机宜选用符合国家计量标准的直流电能表计量，安装在非车载充电机直流输出端和电动汽车之间。

二、充电站电能直流计量要求

电动汽车非车载充电计量宜采用直流计量。直流计量应符合下列要求：

（1）采用电子式直流电能表（以下简称直流电能表）和分流器时，应安装在非车载充电装置直流端和电动汽车之间，直流电能表的准确度等级应为1.0级，分流器的准确度等级应为0.2级。根据充电电流的大小，直流电能表的电流线路可采用直接接入方式或经分流器接入方式，电能计量装置的规格配置应符合表3-1的要求。

表3-1 电能计量装置的规格配置

额定电压/V	100①、350、500、700
额定电流/A	10、20、50、100、150、200、300、500

①100V为经电阻分压得到的电压规格，为减少电能表规格，350V、500V和700V可经分压器转换为100V进行计量，分压器的准确度等级为0.1级。

（2）直流电能表的电流线路可采用直接接入方式或经分流器接入方式。经分流器接入的直流电能表的分流器额定二次电压为75mV，直流电能表的电流采集回路应接入分流器电压信号。

（3）充电机具备多个可同时充电接口时，每个接口应单独配置直流电能表，直流电能表应符合国家相关要求。

三、充电站电能交流计量要求

电动汽车交流充电桩的电能计量应符合下列要求：

（1）交流充电桩的充电计量装置应选用静止式交流多费率有功电能表（以下简称交流电能表），交流电能表应采用直接接入式，其电气和技术参数应符合下列规定：

① 参比电压（U_n）应为220V。

② 基本电流(I_b)应为10A。

③ 最大电流(I_{max})应大于或等于4倍的基本电流。

④ 参比频率应为50Hz。

⑤ 准确度等级应为2.0级。

(2) 交流充电桩具备多个可同时充电接口时，每个接口应单独配备交流电能表。

(3) 交流电能表宜安装在交流充电桩内部，位于交流输出端与车载充电机之间，电能表与车载充电机之间不应接入其他与计量无关的设备。

(4) 交流充电桩应能采集交流电能表数据，计算充电电量，显示充电时间、充电电量及充电费用等信息。

(5) 交流充电桩应显示本次充电电量，并可将该项清零。

(6) 交流充电桩可至少记录100次充电行为，记录内容包括充电起始时刻、起始时刻电量值、结束时刻、结束时刻电量值和充电电量。

(7) 交流充电桩从交流电能表采集的数据应与其对用户的显示内容保持一致，

四、 充电站充电计费系统组成

电动汽车充电计费系统由以下三部分组成：

(一) 充电计费系统管理平台

本平台对充电计费系统涉及的基础数据采用集中式管理，例如电动汽车信息、购电用户信息、资产信息等。

(二) 充电计费系统运营平台

本平台用于对电动汽车的充放电及购电用户的充值进行运营管理。

(三) 充电计费系统查询平台

本平台用于对管理平台及运营平台产生的相关数据进行查询。

第四章　电动汽车充电站分级配置和交、直流配电系统

第一节　电动汽车充电站的分级配置

电动汽车充电站的分级，目前国内尚无统一规定，通常按充电站的规模分为大、中、小三级，三级的划分及功能配置如表 4-1 所示，可供参考。

表 4-1　充电站三级的划分及功能配置

项目名称		大型充电站	中型充电站	小型充电站	备注
充电站各级的不同配置及服务能力	配电容量	不小于 500kVA	小于 500kVA、大于 100kVA	小于等于 100kVA	
	充电设备数量	不小于 10 台	不小于 5 台	不小于 3 台	
	服务能力	具备为大型电动公交和环卫等社会车辆、工程和商务等单位车辆、出租和个人等微型车辆充电的能力	具备为工程和商务等单位车辆、出租和个人等微型车辆充电的能力	具备为出租和个人等微型车辆充电的能力	

续表

<table>
<tr><th colspan="2">项目名称</th><th>大型充电站</th><th>中型充电站</th><th>小型充电站</th><th>备注</th></tr>
<tr><td colspan="2" rowspan="6">充电站大、中、小型三级功能配置的相同及不同要求</td><td colspan="3">①交流充电桩供电电源原则上利用停车场配电设施，采用单相供电。当停车场配电设施无法满足容量要求时，可以进行增容改造。这是大、中、小型充电站的相同要求</td><td rowspan="3"></td></tr>
<tr><td colspan="3">②充电设备的选型应符合国家电动汽车电源供给相关标准及智能电网有关技术规范的要求。积极推动电动汽车各相关方在电动汽车充电设备电气接口、通信规约、电气连接件等方面达成一致。这是大、中、小型充电站的相同要求</td></tr>
<tr><td colspan="3">③充电站建设应具备一定的扩展能力，应具备升级改造为充放电站的条件。这是大、中、小型充电站的相同要求</td></tr>
<tr><td colspan="2">④大、中型充电站或具有重要示范意义的充电站的供电电源，原则上应采用两路电源，确保充电站的供电可靠性。这只是对大、中型充电站的要求</td><td></td><td></td></tr>
<tr><td colspan="2">⑤大、中型充电站应具备现场安保监控、充电设备运行监控等功能。这只是对大、中型充电站的要求</td><td></td><td></td></tr>
<tr><td colspan="2">⑥大型充电站在满足充电服务的同时，可设置客户休息室，中型充电站可结合实际情况建设。这只是对大型充电站的要求</td><td></td><td></td></tr>
<tr><td rowspan="7">充电站大、中、小型三级设备的不同配置</td><td>配电变压器</td><td>※</td><td>○</td><td>×</td><td></td></tr>
<tr><td>高压配电装置</td><td>※</td><td>○</td><td>×</td><td></td></tr>
<tr><td>低压配电装置</td><td>※</td><td>※</td><td>※</td><td></td></tr>
<tr><td>计量装置</td><td>※</td><td>※</td><td>※</td><td>提供分路计量及关口计量</td></tr>
<tr><td>谐波治理装置</td><td>○</td><td>○</td><td>○</td><td>依据充电设备谐波情况，综合选择配置</td></tr>
<tr><td>充电设备</td><td>※</td><td>※</td><td>※</td><td></td></tr>
<tr><td>计费装置</td><td>○</td><td>○</td><td>○</td><td>对于社会车辆服务的充电站，依据计量情况进行计费</td></tr>
</table>

续表

项目名称		大型充电站	中型充电站	小型充电站	备注
充电站大、中、小型三级设备的不同配置	电池更换设备	○	○	○	
	配电监控系统	※	○	○	
	充电监控系统	※	※	○	
	安保监控系统	※	※	○	烟雾报警监视、视频监视
	充电工作区	※	※	※	充电车位及相关附属设施
	站内建筑	※	※	○	
	消防设施	※	※	※	
	其他服务设施	○	○	○	
充电站交流配电系统的供电方式		交流充电桩采用低压单相 220V 供电方式			
		采用双路 10kV 常供电源的高压供电方式	采用一路 10kV 或 0.4kV 主供电源和一路 0.4kV 备用电源的供电方式	采用单路 0.4kV 低压供电方式	

注：※—必备；○—可选；×—不需要。

第二节 电动汽车充电站的交流配电系统

一、 充电站交流配电系统的组成与采用原则

（一）充电站交流配电系统的组成

交流配电系统主要由一次设备（包括断路器、变压器及线路等）和二次设备（包括监测、保护及控制装置等）组成。

（二）充电站交流配电系统采用原则

充电站交流配电系统宜采用如下原则：

（1）电动汽车充电站的交流配电系统是专门为电动汽车充电站提供交流电源的，因此不应接入其他无关的电力负荷。负荷的等级应为 2 级。电源的总容量应能满足充电、照明、监控、办公用电的要求。

（2）交流配电系统的设置，应符合常规配电系统设置，输出应为 0.4kV、50Hz，并宜采用三相四线制。

(3) 根据充电站的容量、规模和重要性，可选择采用专用供电线路或两条供电线路。

(4) 交流配电系统的布置，应考虑今后充电站的发展和扩建。

(5) 考虑电源进线方便，应位于充电站偏向电源一侧。

二、 充电站交流配电系统的一次配置

充电站交流配电系统的一次配置，应按充电站的规模大小而有所区别，下面以大、中、小型充电站及交流充电桩分别介绍。

(一) 大型充电站的交流配电系统

为了保证大型充电站的交流配电系统安全可靠、经济适用，一次配置如下：

(1) 大型充电站原则上采用两路 10kV 电缆(沟体埋设)供电，设置 2 台专用配电变压器，每台变压器的容量应不小于充电站所需的全部用电负荷，两台变压器可互为备用。

(2) 当监控、办公用电负荷较大或共用一台变压器严重影响照明质量或计算机运行时，可设置专用站用变压器，也可从就近的配电变压器低压侧引入。

(3) 配电变压器应选用具有良好电气和机械性能、较高的耐热等级、安全性和环保性良好的干式变压器。

(4) 电源采用 10kV 双路常供。10kV 侧应采用两组单母线不设分段开关的接线方式。

(5) 高压柜应采用真空断路器中置式开关柜或环网柜，设进线柜、计量柜、母线设备和出线柜。0.4kV 侧应采用单母线分段接线方式，设分段联络开关。设备采用抽屉柜，每段母线设进线柜、有源滤波无功补偿柜和出线柜，两段母线之间设分段联络柜。低压每路出线应带交流计量装置。

(二) 中型充电站的交流配电系统

1. 供电系统

中型充电站采用一主一备的两路电源供电系统。主供电源采用 10kV 电缆(沟内埋设)供电，或采用 0.4kV 低压电缆(沟内埋设)供电；备用电源采用 0.4kV 低压电缆(沟内埋设)供电。

2. 供电方式

(1) 主供电源采用 10kV 高压供电方式：

① 设置 1 台专用配电变压器，电源采用 10kV 单路常供，10kV 侧应采用单母线接线方式。

② 高压柜应采用真空断路器中置式开关柜或环网柜，设进线柜、计量柜、母线设备和出线柜。

③ 低压采用双路进线、单母线接线方式。设备采用抽屉柜、带计量的主供电源进线柜、带计量的低压备用电源进线柜、有源滤波无功补偿柜和出线柜。

④ 主供电源和备用电源之间设联锁装置。低压每路出线应带交流计量装置。

(2) 主供电源采用0.4kV低压供电方式：

① 采用一主一备的双路进线，单母线接线方式。设备采用抽屉柜，设带计量的主供电源进线柜、带计量的备用电源进线柜、有源滤波无功补偿柜和出线柜。

② 主供电源和备用电源之间设联锁装置。低压每路出线应带交流计量。

(三) 小型充电站的交流配电系统

小型充电站采用单路0.4kV电缆(沟内埋设)供电，配电采用户外供电箱。

(四) 交流充电桩的配电系统

交流充电桩应采用单路单相220V电缆(沟内埋设)供电，并从就近的配电设施低压侧引入。

三、 充电站交流配电系统的二次配置

充电站交流配电系统的二次配置，应遵循安全可靠、经济适用的原则，具体配置如下：

(1) 对10kV应采用WXH-830微机线路保护装置和WCB-830微机变压器保护装置。

(2) 对0.4kV应采用EV-390电力参数监测仪。

(3) 对电气设备应采用电力简易综合自动化监控系统。

(4) 对各间隔的电流、电压、电量等电气参数做到当地显示和信息远传，可实现“三遥”功能。

四、 充电站交流配电系统的安全防护

为了保证充电站交流配电系统的安全运行，应对其系统进行防雷、防静电保护。

(1) 为防止雷电或操作过电压沿电源引入线对低压配电系统产生不良影响，在主开关的电源进线侧与地端子之间装设B级防雷器，在配电母线与地端子之间装设C级防雷器。

（2）为防止电磁干扰对计算机等弱电设备的影响，监控电源引入线可选择装设 EMI 滤波装置。

（3）应按照相关规范对充电站交流配电系统的设备设施作防静电保护。

五、 充电站交流配电系统的设备选择

（一）配电变压器的选择

1. 变压器配电容量的选择

变压器配电容量应根据电动车辆的类型、数量、行驶里程和运营模式决定电池数量和充电机的数量，并决定充电站对配电容量的要求。其总容量应能满足全部用电设备的负荷，包括充电、照明、监控、办公等的用电，并留有一定的裕度。

单台变压器的容量需满足全部配电容量的要求。

2. 变压器类型的选择

（1）变压器可分为干式变压器和油浸式变压器。充电站（机）变压器类型可根据工程实际情况选定。

（2）建议充电站（机）变压器采用环氧树脂浇注包封式干式变压器。环氧树脂干式变压器具有良好的电气和机械性能、较高的耐热等级，并且是一种安全可靠的环保、节能型新产品，能适应多种恶劣环境。

（3）在多尘或有腐蚀气体严重影响变压器安全运行的场所，应选用防尘型或防腐型变压器。

3. 变压器台数的选择

（1）变压器的台数应根据负荷特点及经济性进行选择。

（2）容量较大的二级负荷充电站，有必要选用 2 台变压器保证充电站的供电可靠性。

（3）在小区内建设的充电站，可考虑利用小区配电变压器而不另设变压器，以减少投资。

（4）在一般情况下，充电站的照明、监控、办公等的用电，宜与充电机用电共用 1 台变压器。当照明、监控、办公等的用电负荷较大或采用共用变压器会严重影响照明质量或计算机运行时，则应采取相应措施。

4. 变压器接线的选择

根据《供配电系统设计规范》第 7.0.7 条，在 TN 及 1rr 接地形式的低压电网中，推荐采用 Dyrm 接线组别的配电变压器。充电站采用 TT 接地形式，因此变压器采用 Dyn11 接线，有利于抑制充电机的高次谐波。

（二）10kV 高压断路器的选择

10kV 高压开关柜采用中置式开关柜，内配真空断路器；如需降低造价，配电电容量小于 400kVA 时可考虑选用负荷开关。

（三）交流低压配电盘的选择

大型充电站用电容量通常大于 500kVA，其交流低压配电盘应选择 GCS 型低压抽出式开关柜。

第三节　电动汽车充电站的直流配电系统

一、 充电站直流配电系统接线方式

电动汽车充电站的直流配电系统接线一般有单母线分段接线与单母线不分段接线，通常设一组蓄电池、一套充电装置。

（一）单母线分段接线方式

（1）充电站单母线分段接线直流配电系统中，充电装置和蓄电池接入同一段母线，正常运行时分段开关在合闸状态，蓄电池与充电装置并联工作，可靠性高。

（2）当接有蓄电池的母线停电检修或故障时，蓄电池退出，此时带充电装置的一段母线仍可工作。但对一般负荷短时供电是可以的，对冲击负荷供电则不允许。

（3）当接有充电装置的母线停电时，蓄电池对另一段母线仍可保证对负荷的供电，此时蓄电池得不到充电，处于放电状态，时间长了也不允许。

（4）两组母线共享一套绝缘监察和电压监视装置。充电装置模块采用 $N+1$ 配置（N 为模块计算数）。

（二）单母线不分段接线方式

（1）充电站单母线接线直流配电系统中，充电装置和蓄电池接在同一母线上。母线上经切换开关只装设一套绝缘监察和电压监视装置。充电装置模块采用 $N+1$ 配置（N 为模块计算数）。

（2）直流馈线宜采用分区辐射供电或集中辐射供电方式，事故照明、交流不停电电源设备、合闸电源、远程通信系统备用电源等应设置专用馈线。

（3）控制、信号和保护设备应分别设置独立的专用馈线。

（4）重要回路应设置双回馈线，并接自不同的直流母线上。

二、 充电站直流配电系统的设备选择

（一）直流配电系统蓄电池的选择

1. 蓄电池类型与电池组选择

蓄电池选用阀控式密封铅酸蓄电池，蓄电池组选用 17 节 12V 阀控式密封铅酸蓄电池组。

2. 蓄电池容量选择

充电站直流配电系统蓄电池组的容量可根据需要选配，一般可配置为 40Ah 或者 65Ah。

3. 蓄电池电压选择

蓄电池组电压采用 220V。

（二）充电装置选择

1. 充电装置功能选择

充电装置可采用高频开关电源，并应具有以下功能：

（1）充电装置可实现浮充电和均衡充电的功能。

（2）充电装置应为智能型，并满足如下要求：

① 采用微机技术，具备自控调节功能，能自动均充、浮充及运行工况相互转换，有符合要求的稳流、稳压精度。

② 具备自动调压功能，确保母线电压稳定在规定范围值内。

③ 有完善的过电流、过电压等保护措施，具备装置运行状态及故障报警监视功能和温度、电池电压、绝缘状态等监测查询及报警功能。

④ 能进行友好人机对话、定值整定修改、故障记录打印等。

⑤ 具有与监控系统通信的接口，直流配电系统的主要参数和状态、报警信号可传送到调度控制室。

2. 其他直流设备选择

1）直流操作和保护装置的选择

直流操作和保护装置可选用隔离开关和带信号触点的熔断器，也可选用带辅助触点的自动开关。

2）直流接地检测装置的选择

为了缩短查找接地故障的时间，直流系统宜采用功能完善、性能优良、整定维护方便的直流接地检测装置。

第五章　电动汽车充电站充电作业方式

第一节　充电站充电作业方式分类及作业流程

一、充电站充电作业方式分类

电动汽车充电站充电作业方式分为两类：第一类是不更换车上的动力电池，而采取整车充电的作业方式。第二类是将电动汽车上用完的动力电池取下，换以充电站已充好电的蓄电池，它是采取更换电池的充电作业方式。前者属于充电作业方式，称为充电站；后者属于换电池作业方式，称为换电站。

同一个站内共有整车充电与更换电池两种充电作业方式的充电站，准确地应称为充电换电站。但实际中通常将充电站、换电站、充电换电站三者统称为充电站。

二、充电站充电或更换电池作业流程

电动汽车充电站充电或更换电池作业流程，即电动汽车在充电站内充电或更换电池作业所经的全过程，也就是电动汽车在充电站内充电或更换电池作业所走的路线及路过各作业点完成的作业内容，将这全过程划成方块图，即称为充电或更换电池作业流程图。电动汽车充电站可细分为充电站、换电站、充电换电站 3 类，所以充电或更换电池作业流程图也可分为充电、换电池、充电换电池 3 种。

（一）充电站充电作业流程

本流程是从电动汽车进入充电站开始，按该充电站充电设施的平面布局而形成的流程去排队完成补充电能作业的全过程。

电动汽车充电站充电作业流程如图 5-1 所示。

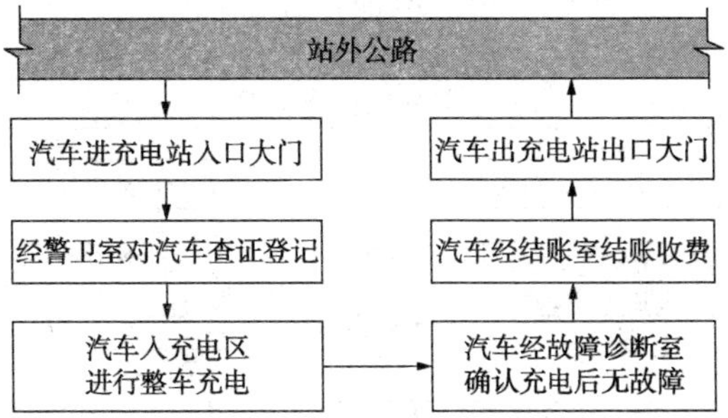

图 5-1 充电站充电作业流程图

（二）换电站换电池作业流程

本流程是从电动汽车进入换电站开始，按该换电站换电池设施的平面布局而形成的流程去排队完成补充电能作业的全过程。

电动汽车换电站换电池作业流程如图 5-2 所示。

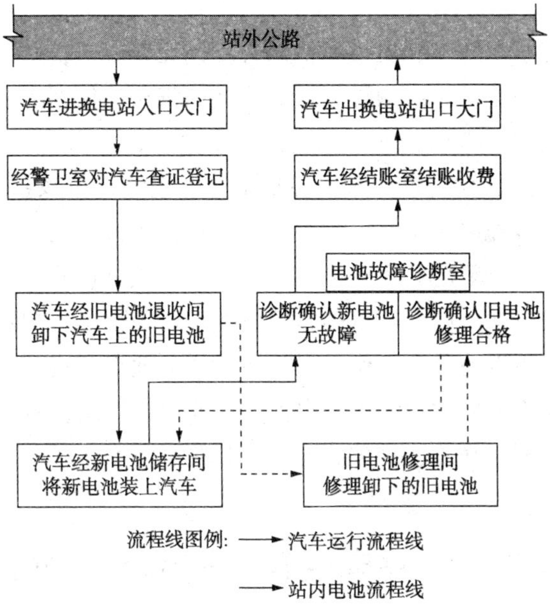

图 5-2 换电站换电池作业流程图

（三）充电换电站充电与换电池作业流程

本流程是从电动汽车进入充电换电站开始，按该充电换电站充电与更换电池设施的平面布局而形成的流程去排队完成补充电能作业的全过程。

电动汽车充电换电站充电与更换电池作业流程如图 5-3 所示。

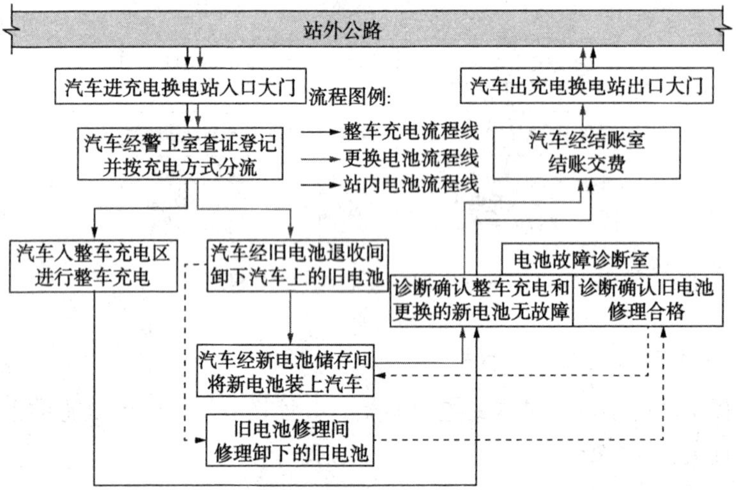

图 5-3　充电换电站充电与更换电池作业流程图

充电换电站有整车充电和更换电池两种不同充电方式，则站内相应划分成整车充电和更换电池两个区域或两种车道，入站的汽车应根据本车属性驶入相应区域或车道，然后按图 5-3 的作业流程进行作业。

采用整车充电作业方式时，即连接整车充电系统，由该系统进行故障诊断，出具状态检测报告。充电系统以检测报告为依据，再进行之后的流程。

需要更换电池的车辆应驶入更换电池区域或车道进行故障诊断，出具状态检测报告，然后更换电池库内充好电的整组电池。对于更换下的缺电电池组，则要进行故障排查和故障电池分离工作。对无故障的电池组直接送充电区间进行电池补充电，在电池充满电后就地编组送电池存储间储存待用；对有故障的电池组送电池维护区进行检测、筛选、维护、充电和装箱。

第二节　充电站整车充电作业方式

一、　整车充电作业方式的优缺点

(一) 整车充电作业方式的优点

与更换电池作业方式比较，整车充电作业方式有如下优点：

（1）整车充电作业方式无需将电池从车上卸下，可直接进行充电，充电操作过程简单。

（2）整车充电作业方式不涉及电池更换、储存等过程，比更换电池所需设备成本低。

（3）整车充电作业方式劳动强度小，不必考虑采用机械化操作。

（二）整车充电作业方式的缺点

与更换电池作业方式比较，整车充电作业方式有如下缺点：

（1）整车充电作业方式充电时间长，不但使客户等候时间长，而且影响车辆利用效率。

（2）整车充电作业方式充电站运营时间长，影响其经济效益。

（3）整车充电作业方式不利于保持电池组的均衡性，影响电池的使用寿命。

二、 整车充电作业方式操作步骤

整车充电作业时，应将充电站的整车充电机或直流充电桩与车辆通过专用充电插头上的CAN网络连接线连接，并与车载电池管理主机通信，即可自动控制充电，完成充电。

整车充电作业方式应遵循该充电站的运行规程及行业相关的规程、规范，其基本操作步骤如下：

第一步，操作前的检查：

（1）检查确认直流充电桩插头不带电。

（2）检查确认电动汽车上的电源已经关闭。

（3）检查确认电动汽车上充电插座不带电。

（4）检查确认电动汽车上动力电池参数与充电站的充电机参数相匹配。

（5）检查确认充电站的充电桩上的充电插头和电动汽车上充电插座的插针和插孔定义正确、一致。

第二步，插上充电插头。此时，车载监控、电池管理系统由车载电池供电，正常运转。

第三步，闭合充电机控制电源。

第四步，确认充电站监控系统与充电机、车载监控、电池管理系统之间CAN网络已经建立。

第五步，确认车载电池状态正常后，设置充电参数，参数设置确认成功后启动充电机开始充电。

第六步，充电程序由电池管理系统(BMS)控制。当直流充电桩监控界面提示充电结束，应遵循本充电站运行规程的操作流程退出充电程序。

第三节　充电站更换电池作业方式

一、　更换电池作业方式的优缺点

(一) 更换电池作业方式的优点

与整车充电作业方式比较，更换电池作业方式有如下优点：

(1) 能及时给用户提供电能补给服务，更换电池充电方式的操作过程可以在10min内完成，与现有的燃油车加油时间大致相当，比整车充电作业方式大大缩短了客户等候时间，提高了车辆使用率。

(2) 提高了客户对充电站的满意度，对推广电动汽车有好处。

(3) 电池更换完毕，车辆可随即离开继续运营，提高了充电站的经济效益。

(4) 采用更换电池充电方式有利于提高电池的使用寿命，也便于对电池的管理维护。

(二) 更换电池作业方式的缺点

与整车充电作业方式比较，更换电池作业方式有如下缺点：

(1) 对车辆及更换电池设备提出了更高的要求，要增加电池的装卸机械，否则会增加人员的劳动强度。

(2) 需要配套专用电池模块、充电架和装卸工具，建立电池调度系统对所有的电池进行数量、质量和状态的监控管理，完成电池快换、充电、配组、储存以及电池容量测试、均衡等维护功能。

(3) 为满足快换要求，需要分区域建设更换电池站。

显然，采用电池更换充电方式的充电系统更为复杂，设备和管理成本较高。

二、　更换电池作业方式操作步骤

更换电池作业方式的操作步骤如下：

第一步，提出更换电池请求。电动汽车进入换电站前，车主应向换电站提出电池更换请求，以便换电站进行准备。

第二步，做好更换电池准备：

(1) 换电站调度安排停车位置。

(2) 通知电池存储间准备更换电池并运抵电池更换区。

(3) 准备装卸设备。

第三步，电动汽车进站停车。提出电池更换申请的车辆进入换电站后，按照调度指令开到电池更换区的停车位置，准备更换电池。

第四步，更换电池前的故障检查。电池更换前，应检查车载电池管理系统是否有关于电池故障的记录，若有电池故障记录，则应记录故障位置和类型，然后清除故障记录。

第五步，更换电池。电池更换前应断开车上的高低压电路，然后才能卸下电池。对卸下的电池，应进行检查、筛选，将故障电池、无故障电池分类摆放到不同地方。旧电池卸下后，更换已充满电的电池组。

第六步，电池更换后的故障排查。电动汽车更换上新的电池组后，应接通车上的高低压电源，由车载电池管理系统对新装的电池组再进行一次故障排查。若无故障，则电动汽车即可驶离电池更换区，出站行驶；若发现新装的电池组仍有故障，则应进行故障排除，再行检查正常后，电动汽车才能驶离电池更换区，出站行驶。

三、 电池更换设备的技术要求

(一) 电动汽车电池模块的技术要求

(1) 电池模块结构应标准化设计，且方便更换和装卸。

(2) 电池模块的外形尺寸设计，应与充电架储存单元相适应。

(3) 电池模块与充电架之间应具有自动对接的接口。

(4) 电池模块外壳应坚固，并应进行防锈(防氧化)处理。

(5) 电池模块应具备对电池电压、电流、温度及绝缘的监测功能。

(6) 内置电池管理单元，应具备 SOC 估测、风机冷却控制与通信的功能。

(二) 电动汽车电池充电架的技术要求

(1) 充电架宜采用多层组合装配式结构，并能根据需求扩展容量。充电架也可采用带导向功能的抽取式结构，并带有电池模块锁死装置。

(2) 充电架应有较高机械强度，能承载电池模块及其他辅助设备的全部重量。

(3) 充电架与电池模块的连接应自动、准确，并防止误插接。

(4) 充电架与电池模块及充电机的连接包含电能传输的电气连接和监控系统的通信连接。

(5) 充电架设计有良好的散热风道。

(6) 充电架与充电机之间采用机架分离方式布置。

(三) 电动汽车电池快换工具

(1) 换电站应配备拆卸和安装电池模块的专用工具。

(2) 换电站还应配备电池组搬运和堆垛机械设备。

四、 电池箱更换设备的技术要求

电池箱更换设备技术要求在 NB/T 33006—2013《电动汽车电池箱更换设备通用技术要求》中有明确规定，摘编如下：

(一) 设备型式和基本参数

1. 设备型式

(1) 按电池箱在电动汽车上安装位置的不同，相对应的更换设备可分为侧向更换设备、端部更换设备、底部换设备及其他更换设备。

(2) 按设备操作的自动化程度，更换设备可分为手动式、半自动式和全自动式。

(3) 按单次同时更换电池箱的数量，更换设备可分为单箱式和多箱式。

2. 基本参数

1) 定位精度

更换设备各机构全自动运行时定位精度应满足表 5-1 的要求。

表 5-1　更换设备全自动运行定位精度

序号	动作分类	精度要求
1	纵向定位/mm	≤2
2	横向定位/mm	≤2
3	提升定位/mm	≤2
4	旋转定位/(°)	≤0.2
5	推拉定位/mm	≤2

2) 平稳性

更换设备各机构全自动运行时，各个方向的运行速度与其给定值之间的偏差应小于 2%。

3) 噪声

在额定条件下，设备运行噪声值应不大于 70dB(A)。

（二）技术要求

1. 使用环境条件要求

电动汽车电池箱更换设备应在下列环境条件下使用：

（1）环境温度：-20～+50℃。

（2）相对湿度：月平均相对湿度不大于95%；

（3）工作电源电压波动量不大于10%。

2. 更换设备总体要求

除有特殊约定外，电动汽车电池箱更换设备应满足以下要求：

（1）各个动作连续、可靠、平稳，动作衔接流畅。

（2）除手动式设备外，商用车的电池箱更换时间不应大于600s，乘用车的电池箱更换时间不应大于300s。

（3）更换设备对车辆停靠位置及停靠姿态应具备一定的适应能力。

（4）更换设备对电池箱安装位置误差应具备一定的适应能力。

（5）全自动更换设备应具备与监控系统的通信接口。

（6）更换设备应具有必要的安全保护措施。

（7）更换设备应具备掉电时的手动解锁功能。

3. 制造技术要求

1）机械结构

（1）结构件制造：电动汽车电池箱更换设备结构件的制造应满足以下要求：

① 结构件的制造应符合 GB/T 3811—2008 和 JB/T 5323—2017 的规定。

② 重要受力构件如柱、梁、钢架斜杆等的钢材在涂装前应进行表面的除锈处理，应达到 GB/T 8923 中规定的 Sa21/2 级，其余钢结构件材料表面亦应进行除锈，达到 Sa2 级或 St2 级(手工除锈)。

③ 对有浸锌与电镀锌要求的钢结构件，热浸锌材料表面应符合 GB/T 13912—1992 中 7. 3 的规定，电镀锌材料表面应符合 GB/T 9799—2011 的规定.

④ 构件焊接的外部检查不得有 GB/T 6417. 1—2005 表述的目测可见裂纹、孔穴、固体夹杂、未熔合和未焊透、形状缺陷及上述以外的其他明显缺陷。

⑤ 主要受力构件的对接焊缝应进行无损探伤。射线探伤时，不低于 GB/T 3323. 1—2019 中规定的Ⅱ级；超声波探伤时不低于 JB 4730—2005 中规定的Ⅰ级。

（2）机械构件的连接：受力构件的连接若采用高强度螺栓时，高强度螺栓、螺母和垫圈应符合 GB/T 1228—2006、GB/T 1229—2006、GB/T 1230—2006、GB/T 1231—2006 的规定；铆钉材质应符合 GB/T 715—1989 的规定。

更换设备的框架立柱连接件应连接牢固，不能有影响强度的缺陷存在，紧固件应达到规定的锁紧力矩的要求。

（3）机械构件连接的公差：结构框架各主要构件连接后的垂直度、平行度和对角线长度公差应符合以下要求：

① 垂直度：不大于全长的 1/1500，且不大于 5mm。

② 平行度：不大于全长的 1/1500，且不大于 6mm。

③ 对角线：不大于全长的 1/1000，且不大于 8mm。

2）机械传动

（1）升降用减速器的额定输出扭矩应不小于 1.2 倍的额定载荷产生的力矩；水平运行和横移装置用减速器的额定输出扭矩应不小于 1.5 倍额定载荷产生的力矩。

（2）采用齿轮、齿条、丝杠等传动型式时，应符合相关国家标准的规定，并能保证传动装置运行平稳，有可靠的润滑。

（3）链条和链轮

电动汽车电池箱更换设备中所用链条及链轮的选用应满足以下要求：

① 传动链条应按 GB/T 1243—2006 选用；

② 传动链轮精度应符合 GB/T 1243—2006 的规定，起重链轮的精度应与起重链条的精度相适应；

③ 起重用链条的抗拉载荷应不小于设计静载荷的 7 倍；

④ 所有的运动链条、链轮应便于润滑。

（4）钢丝绳及钢丝绳卷绕系统：电动汽车电池箱更换设备中所用链条及链轮的选用应满足以下要求：

① 推荐优先采用符合 GB/T 8918—2006 中规定的线接触钢丝绳并进行预拉伸。采用曳引轮驱动时，升降用钢丝绳应符合 GB 8903—2018 的规定。

② 起重用钢丝绳的最小破断拉力应不小于额定静载荷的 11 倍。

③ 采用卷绕驱动时，钢丝绳在卷筒上的固定端应可靠，固定钢丝绳的圈数外的安全圈数应不少于 2 圈。

④ 钢丝绳的维护应符合 GB/T 8918—2006 的规定，报废应符合 GB/T 5972—2016 的规定。

⑤ 应设有断(松)绳报警装置。

⑥ 禁止钢丝绳接长使用。

⑦ 采用卷绕驱动时，卷绕系统的设计应符合 GB/T 3811—2008 的规定。

⑧ 滑轮与卷筒名义直径与钢丝绳直径之比不得小于20。

（5）制动器：电动汽车电池箱更换设备电机制动器的选择应满足以下要求：

① 驱动装置应采用常闭式制动器，当电机或控制器不接电时，应能自动起到制动作用。

② 对于控制升降运动的制动器，其制动力矩应不小于电机额定输出扭矩的1.5倍。

③ 制动器应有符合操作频度的热容量。

④ 制动器对制动摩擦片的磨损应有补偿能力。

（6）液压系统：电动汽车电池箱更换设备液压系统设计应满足以下要求：

① 液压系统的设计应符合 GB/T 3766—2015 和 GB/T 7935—2005 的要求。

② 液压系统应设过压保护装置。

③ 液压升降系统应设置专用安全保护装置，防止因失压导致电池箱坠落。

3）电气系统

（1）电动机：电动汽车电池箱更换设备电动机的选择应符合下列要求：

① 电动机宜选择可正向及逆向运转、有较大启动转矩倍数并适于短时重复工作的起重机械用的电动机。

② 对使用不频繁的设备，其驱动机构的工作级别可按 GB/T 3811—2008 定为 M4～M5 级，电动机的接电持续率不低于25%：对使用频繁的设备，其驱动机构的工作级别不低于 M6，电动机的接电持续率不低于40%。

③ 对于不采用电气制动的设备，电动机应选择有带载启动工况的 S4 工作方式。

④ 对用于 GB/T 3811—2008 所确定的 M4～M5 级工作级别机构的电动机，其绝缘等级可用 B 级；对用于 M6 及更高工作级别机构的电动机，其绝缘等级应不低于 F 级(需要与工作制联系在一起)。

⑤ 驱动电动机外壳防护等级应不低于 GB/T 4942.1—2006 规定的 IP34。

（2）导线和电缆：所选用的导线和电缆应符合 GB 17907—2010 中 4.5.3 的规定，各导线和电缆端部都应有标识或编号。

（3）仪表和按钮：所有仪表、按钮、操作开关应布置在方便操作人员观察及操作的位置，用途应标明在各有关的屏、柜的正面，装设在内部的元件应标明代号。

（4）电气装置及电路：电动汽车电池箱更换设备电气装置选择及电路设计应符合下列要求：

① 各电气装置的间距应符合 GB 50256—2014 的规定，并应符合检修方便的原则。

② 电气控制箱(柜)外壳的防护应不低于 GB/T 4942.1—2006 规定的 IP34。

③ 电控系统主电路应配有短路、过流、欠压、过压和缺相、相序等保护电路。

④ 照明电路应单设电源开关，不受动力总开关的影响。

⑤ 电气的绝缘电阻应符合 GB 17907—2010 中 4.5.7.6 的规定。

⑥ 电气系统应符合以下要求：

(a) 各运行模式间互锁，以保证某一时刻，只允许选用一种运行模式。

(b) 不能并行的动作应具有电气互锁装置。

(c) 控制电路还应具备以下常规的连锁和保护：失压保护、操作开关零位保护、电动机正反转连锁、不同速度级的连锁、短路和过载保护。

(d) 更换设备应有急停按钮，在紧急情况下，能切断更换设备总电源。

(e) 更换设备电气系统安全要求应符合 JB 5319.2—1991 标准。

4) 控制系统

电动汽车电池箱更换设备的控制系统要求如下：

(1) 全自动更换设备控制系统应具备手动、半自动、自动、联机自动(遥控)四种运行模式。

(2) 控制系统应具有人机界面，并能有效地与本地或远程操作人员进行交互。

4. 运行

1) 运动性能

电动汽车电池箱更换设备除满足电池箱更换的基本要求外，还应符合下列要求：

(1) 更换设备应运行平稳，不得有异常响声。

(2) 正常运行中的更换设备各机构在制动和变速时，不得有猛烈震动和剧烈冲击。

(3) 在紧急状况下，更换设备各机构应有良好的制动性能。

2) 功能要求

更换设备在各种操作模式下均应能够完成完整的电池箱更换动作。

5. 安全防护

1) 一般安全要求

电动汽车电池箱更换设备应具备以下基本安全防护措施：

(1) 更换设备突然断电时，各个动作应有强制停止措施。

(2) 更换设备应具备防止电池箱自行脱离的功能。

(3) 更换设备突然断电并强制停止后，不得有对设备、电池箱及人员造成伤害的现象发生。

(4) 除手动设备外，更换设备应具备声光警示装置。

(5) 除手动设备外，更换设备的任何一个动作都应有电气及机械方式的行程极限保护。

(6) 更换设备各动作之间能够安全互锁。

(7) 电气系统应有可靠接地。

2) 安全标志

电动汽车电池箱更换设备应设有安全标志：

(1) 在更换设备工作场所的出入口、操作室、检修场所等明显可见处应设置相应的安全标志(包括禁止标识、警告标识和提示标识)，并符合 GB 2894—2008 的要求。

(2) 电源柜的明显位置处应有防触电的警示标志。

3) 安全使用

(1) 在钢轨上运行的车轮及导向轮出现下述情况之一时应报废：

① 裂纹。

② 轮缘厚度磨损达原厚度的 50%。

③ 轮缘厚度弯曲变形达原厚度的 20%。

④ 踏面厚度磨损达原厚度的 15%。

(2) 链条伸长率达到 2. 5%时，应报废。

(3) 钢丝绳报废应符合 GB 5972—2016 的规定。

(4) 液压系统应按设计要求用油，并按使用说明书要求定期换油。

4) 电气及控制系统安全防护要求

电动汽车电池箱更换设备的电气及控制系统应具有以下安全防护措施：

(1) 更换设备应有安全状态检测，处于非安全状态时设备不能自动运转。

(2) 更换设备运转前应示警。

(3) 更换设备的操作盘(箱)应设置在视野清晰、可观察到人、汽车及充电架的位置。

(4) 所有电气装置的金属外壳、金属穿线管和设备框架等应可靠接地，接地电阻不得大于 4Ω，应采用三相五线制电源，检修时也应保证接地良好。

(5) 更换设备的控制电路应保证控制性能的安全可靠。

(6) 任何状态下，都能通过手动控制的急停装置切断电路，使设备停止工作。

(7) 急停的复位不得引发或重新启动任何危险状况。

5) 集成系统安全要求

更换设备的集成系统的设计、构成、安装、编程、操作、维护、使用、修理等阶段有关安全的要求应符合 GB 16655—2008 的规定。

6. 外观

(1) 油漆应均匀、色泽一致，不得有漏漆、皱纹及严重流挂等缺陷。

(2) 防护层附着力应符合 GB/T 9286—1998 中规定的二级要求。

五、 更换下的旧电池处理步骤

从电动汽车上更换下来的旧电池，不得与其他电池混淆，应即时处理，其处理步骤如下：

第一步，对旧电池进行故障诊断、筛查分类。

将从电动汽车上卸下来的旧电池，送到电池维护间阅读故障信息，诊断有无故障。若有故障，则应进一步进行故障筛查分类，分出可修故障电池与无法修或不值得修的故障电池。

第二步，按筛查分类将旧电池分送到不同位置。

按故障诊断与筛查的结果将旧电池分送到不同位置：将无故障而缺电的旧电池送充电区进行充电；将可修故障的旧电池及其故障记录送电池维护间去排除故障；故障筛查为无法修或不值得修的电池送至报废场地，等待妥善处理。

第三步，对各类故障电池进行处理。

对各类故障电池的处理，应由送达的各部门按相关处理规定进行。

(1) 如果是明显故障，则应立即排除。

(2) 如果是电池箱内部故障，则应根据车载电池管理系统故障记录的电池箱的类型、编号、故障位置分别进行故障排除。

(3) 如果是待报废的电池，应经专业人员再次确认为报废电池，然后按报废电池处理要求妥善处理，防止污染环境。

六、 缺电电池的充电方式

从电动汽车上更换下来的电池，经故障诊断与筛查，有的是无故障只缺电的电池，有的是有故障但是在电池维护间已排除故障的缺电电池，这两种电池都需要充电。这两种电池又分为单箱电池和整组电池不同的充电方式，下面分别介绍。

（一）单箱电池充电方式

单箱电池的充电方式是用一台充电机对一箱电池充电的方式。其充电结构由一台充电机和一个充电平台两部分组成。

充电机上有充电机监控网络 CAN 接口和与电池组连接的 CAN 或 RS-485 接口。充电平台上即单箱电池的充电设备包括与车辆低压电源一致的直流电源、电池存储架、充电机通信接口连接器、充电机输出连接器和烟雾报警器。

单箱电池在充电平台上，由低压电源为电池管理单元提供工作电源；充电机和电池管理单元通信实现充电控制；充电机通过输出连接器对电池充电；烟雾报警器实现在充电过程中的现场监视，以保证安全。

（二）整组电池充电方式

将几组单箱电池进行串联后即为整组电池，通过一台充电机给整组电池进行充电，即为整组电池的充电方式。

整组电池充电设备包括与车辆低压电源一致的直流电源、多个电池存储架、充电机通信接口连接器、充电机输出连接器、烟雾报警单元及其接口电路、电池管理主机。

整组电池在充电架平台上，其低压电源为电池管理单元提供工作电源；电池管理单元与电池管理主机连接；充电机和电池管理主机通信，实现充电控制；充电机通过输出连接器对电池充电；烟雾报警单元实现在充电过程中的现场监视，确保安全。

（三）两种电池充电方式比较

1. 单箱电池充电方式的优缺点

单箱电池充电方式的优点是：有利于提高电池组的均衡性，延长电池组使用寿命。

单箱电池充电方式的缺点是：充电机的数量多，充电机与充电架的连线多，监控网络复杂，设备成本较高。

2. 整组电池充电方式的优缺点

整组电池充电方式的优点是：充电机的数量较少，监控网络简单，设备成本较低。

整组电池充电方式的缺点是：相对单箱电池充电方式而言，它不利于保持电池组的均衡性以及延长电池的使用寿命。

第六章 电动汽车充电站建设规划探讨

目前我国有部分城市和地区已经开始做电动汽车充电站的建设规划工作，但是目前充电站的建设规划既缺乏标准，更缺乏实践经验，仍处在试验阶段，因此本章对电动汽车充电站建设规划进行探讨。

随着电动汽车的不断发展和产业化瓶颈的突破，充电站的建设规划将步入规模化、网络化时代，制定地区电动汽车发展规划，建立合理的发展制度，积极细化和落实示范政策，推出优惠的购车政策，结合需求建立可持续发展的能源补给模式，对本地电动汽车充电站建设规划将会起到积极作用。

第一节 充电站建设规划的影响因素

充电站的建设规划通常是在已建成的城市、已有交通道路、已有电网、已有加油加气站的前提下再新建的项目，所以充电站的建设规划应在此基础上考虑。

影响电动汽车充电站建设规划的因素较多，包括城市社会经济发展情况、电动汽车保有量与充电需求、城市交通规划、城市电网布局、充电站运营模式与充电方式、加油加气站的利用等。

一、 充电站建设规划受城市社会经济发展的影响

城市社会经济发展情况影响着城市人们的经济状况、生活质量和生活方式，决定了人们对电动汽车的购买力，进而影响这个城市电动汽车的保有量。城市社会经济发展情况决定该城市对环保的要求，从而决定对发展新能源汽车的要求，进而影响这个城市电动汽车的保有量。电动汽车的保有量及在该城市的分布，直接决定充电站的建造数量和充电站的布点规划。

城市社会经济发展情况决定该城市的建设规划，这又影响该城市对加油、加气、充电站等的布局规划。

二、充电站建设规划受电动汽车保有量与充电需求的影响

电动汽车与充电站是供需的关系，两者是互为依存、互为前提、相互矛盾，又必须协调统一的关系。电动汽车保有量取决于充电站的建设数量、建设规模、布点规划。

电动汽车的充电需求是电网负荷的重要部分。电动汽车的充电需求不仅是影响充电站建设规划的关键因素，而且还关系到城市输配电网的规划和发展。

电动汽车保有量和充电需求很大程度上决定了充电站建设数量、规模和布局的规划。只有对充电站进行合理的建设规划，才有可能实现充电站大规模和经济的接入电网。

三、充电站建设规划受城市交通规划的影响

电动汽车行驶在城市交通道路上，为了更好地给电动汽车进行充电服务，减少电动汽车为充电而跑的路程，充电站必须建在道路附近，因此充电站布点和确定规模的规划必须适应城市交通规划，这样也相对减少了城市道路上的车流量，避免了城市交通的堵塞。

四、充电站建设规划受城市输配电网规划的影响

充电站的电能是由城市电网供给的，所以充电站布点和确定规模的规划必须考虑城市电网有提供电能的可能性，同时也应考虑城市电网为充电站供电的经济合理性。另外，还应考虑充电作业对电网的冲击影响在允许的范围内。

现有或规划的发输电容量能否满足电动汽车充电需求的增长，直接关系到电动汽车能否顺利产业化和大规模使用。

配电网设备和线路容量相对较小，大规模充电站的接入不仅影响负荷的供需平衡，对配电网的电能质量也将产生一定的影响，表现为电压越限、畸变率超标等问题。

因此充电站建设规划应与城市电网规划相适应。

五、充电站建设规划受充电站运营模式及充电方式的影响

充电站运营模式及充电方式，直接决定电动汽车在充电站的停留时间。停留时间的长短不但影响电动汽车客户的宝贵时间和汽车的使用效率，而且影响到充电站周边的车流量，又影响到充电站周边交通的顺畅程度。因此，为了达到好的

经济社会效益，应对充电站的规模和数量进行合理的建设规划。

六、充电站建设规划受加油、加气站利用的影响

汽车充电站和加油、加气站都是为汽车服务的场所，它们都与城市道路布置有着密切关系，相关规范也允许将其合建，而且合建还节省投资、缩短工期、减少管理人员、节约站点经营费用，并可减少站点的总数量，所以充电站的布点规划应充分利用现有加油、加气站，可在已有加油、加气站中扩建充电站。也可考虑加油、加气和充电的合建站，因此充电站的布点规划与加油、加气站应统一考虑。

第二节　充电站建设规划应遵循的原则

上节分析了电动汽车充电站建设规划的影响因素，那么充电站建设规划应遵循的原则就应充分考虑那些影响因素，变不利影响为有利影响，使电动汽车充电站建设规划制定得更加合理，使其社会和经济效益最大化。

一、充电站建设规划的总原则

(1) 规划应符合国家新能源汽车发展的方针政策，并应符合国家和行业对充电站的相关规范、标准。

(2) 规划应符合该城市总体发展方向，与城镇发展相协调，既能保护环境，又能最大程度地发挥项目效益。

(3) 规划应根据本城市电动汽车保有量及发展的前景，使供需求得平衡。并应与本城市的交通规划和电网规划相适应，还应遵循本城市及行业对充电站规划的具体要求。

(4) 规划应从该城市的实际情况和实际需要出发，因地制宜，充分利用当地已有设施，集约化利用土地，节约土地，节省投资。

(5) 规划应考虑到未来发展变化，要留有中远期发展空间。

二、充电站建设数量规划的原则

(1) 城市充电站建设数量规划一定要与城市电动汽车的保有量和发展预测量相适应，使供需达到平衡。

（2）各区域充电站建设数量规划还要根据区域供需平衡，考虑与充电需求分布尽可能保持一致，应与各区域的电动汽车交通密度成正比。再结合区域空间布局结构，满足该地区电动汽车运行配套需求，服务能力适度超前。

（3）充电站尽量考虑与原有的加油、加气站合建，尽可能减少独立建设充电站的数量。

（4）充电站建设数量应逐步增长，应随电动汽车数量的增长而增长，建设数量可一次规划，但建设应分步实施。

三、 充电站建设规模规划的原则

（1）充电站建设规模规划应根据本站服务半径内的电动汽车保有量与长期发展量确定，应使本站服务半径内短期及长期供需求得平衡。考虑电池的老化寿命、交通拥堵等现实因素，从保证电动汽车使用者连续行驶角度出发，充电站的服务半径应以电动汽车单次充电行驶里程 100km 计算为宜。集中充电站服务范围以 100~120km^2 为宜，则服务半径建议为 5~7km；充电换电站的服务半径约为 2km。

（2）充电站建设规模规划应考虑供电网络的可能性，以满足充电站有充足可靠和质量合格的电源。

（3）充电站的建设规模规划还应考虑占用土地的可能性，既能满足现用土地，又能满足今后发展用地。规划充电站用地规模通常建议为：集中充电站用地面积按照 3000m^2 预留；大型充电换电站面积按 2000m^2 预留；中型充电换电站按 1000m^2 预留；小型充电换电站按 800m^2 预留。国家和行业若有新的规定时应按新规定执行。

四、 充电站建设布点规划的原则

（1）充电站建设布局要遵循"面线结合"的原则，对不同区域的充电站需求条件分析后才得出结果，但是具体到充电站选址定点时还须考虑其实施条件的可能性。

（2）充电站的选址定点应结合地区建设规划和路网规划，以地区总体布局规划为宏观控制依据，经过对地区布局网点规划方案比较，确定充电站布点规划。

（3）充电站布点还应满足文物保护、环境保护、交通安全与防火安全等要求，且宜充分利用就近的供电、交通、消防等公用设施。

（4）根据各地区充电站需求的空间分布，结合地方意向对不同类型的充电设施布局统筹安排，确保每个设施均具有合理的服务范围或密度，并使相邻充电站之间能保持合理的联系，从总体上实现均衡布局。

五、 充电与加油、 加气合建站规划的原则

(1) 充电站建设规划尽量采用与已有的加油或加气站两站合建，或加油、加气和充电三站合建，这样省占地、省建筑、省设备、省投资、工期短，而且好使用、好管理。

(2) 集中充电站可考虑独立建设，不宜与加油、加气站合建。充电换电站考虑上述合建站外，还可考虑独立建站，或结合公交场站、交通枢纽、公共停车场、轨道交通站点，P+R 停车场等市政设施用地共同建设。

(3) 独立充电桩可考虑在住宅小区、办公场所、大型超市等公共设施的停车位建设，一般按停车位数量的 2%~3%布设。

第三节 充电站建设规划总体思路

一、 领会国家对电动汽车充电站规划的政策导向， 收集相关规范标准

(一) 领会国家对电动汽车充电站规划的政策导向

电动汽车环保节能已成为国内外政府部门和行业的共识。随着低碳经济成为我国经济发展的主旋律，电动汽车作为国务院确定的战略性新兴产业，以及节能与新能源战略和智能电网的重要组成部分，必将成为中国汽车工业和能源产业发展的重点。

电动汽车这个新兴产业的产生发展，必须得到国家的支持，领会国家政策导向，与国家政策导向相一致，这样才能顺利发展，才能有良好的发展前景。而充电站是为电动汽车补充电能的场所，建设电动汽车充电站是电动汽车产业推广的前提和基础，也是电动汽车广泛应用的必要条件之一，两者是供需关系不可分离的整体，所以充电站的规划也必须领会国家政策导向。

(二) 收集电动汽车充电站规划的相关规范标准

电动汽车充电站的规划是很严谨的科学工作，不仅应领会国家政策导向，而且应严格遵守国家和行业的相关规范标准，才能作出经济合理的规划来。目前国

内针对电动汽车充电站的规划虽少见，但已有一些电动汽车充电站的建设规范标准，可以借鉴。

二、 调研城市电动汽车的保有量和发展量

充电站是为电动汽车充电的服务场所，充电站与电动汽车是供需关系，要求得二者的平衡，首先应调研城市电动汽车的保有量和发展量，分析对充电站的需求，才能制订出符合实际的充电站建设规划来。

城市电动汽车的保有量和发展量与城市的诸多因素有关，如该城市对环境保护的要求、空气质量污染源、市区机动车拥有量、节能与新能源汽车发展规划、社会经济发展依赖土地、环境、生态资源的消耗情况和城市发展总体规划等。所以，对城市的这些情况都做了调研，才能得出较可靠的电动汽车保有和发展量的调研结果。

三、 分析对充电站的需求， 确定城市充电站建设规划目标

有了可靠的电动汽车保有量和发展量的调研结果，再分析对充电站的需求，然后确定城市充电站建设规划目标，才能做出供需矛盾少的建设规划。

充电站建设规划目标应以落实国家和本市电动汽车发展政策为指引，与本市总体规划和城镇规划相协调，充分考虑电力负荷分布现状，结合城市发展和路网变化，提出充电站近、远期的合理布局，避免重复建设，进而确定城市充电站建设规划目标。

四、 制订城市充电站建设规划实施方案

城市充电站建设规划目标是对该城市充电站建设的指标控制性文件，不一定很具体详细，而充电站建设规划实施方案则是很具体详细的意见，当然也可合二为一。

制订城市充电站建设规划方案，应以本市现实社会经济、人口、道路交通运行特征为基础，依据本市社会经济发展规划，对本市交通发展趋势进行分析，对电动汽车保有量时间及空间分布进行预测；结合国内电动汽车充电站发展趋势，对电动汽车充电站需求进行分析预测，同时根据本次充电站规划目标、布局原则和各分区土地利用，对电动汽车充电站进行统筹布局规划。

第七章　电动汽车充电站工程设计探讨

第一节　充电站工程设计原则和思路

充电站有不同种类，如独立充电换电站、住宅小区车库充电站、公交汽车停车场充电站、商场等公共停车场充电站等。其中独立充电换电站是专为电动汽车充电或换电池的场所，可为第一类充电站；住宅小区车库充电站是利用小区车库为本车库的电动汽车充电的场所，可为第二类充电站；公交汽车停车场充电站和商场等公共停车场充电站可为第三类充电站。

后两类充电站内不单纯是电动汽车，也有其他能源汽车。这三类充电站其工程设计原则和思路有所差异，但其设计基本原则相同，现归纳如下。

一、充电站工程设计应遵循的基本原则

（1）适应国家电动汽车发展趋势，遵循国家工程建设的方针政策。

（2）遵循国家与行业相关的设计规范、标准的规定。

（3）符合当地城镇建设规划要求，特别是城镇交通和电网规划的要求。

（4）充分利用城镇现有公共建筑，充分利用土地。能与已有加油、加气站合建的尽量合建。

（5）按照本站设计任务书及其他相关文件要求进行设计。

（6）合理选用新技术、新工艺、新设备、新材料，但应保证安全可靠。

（7）建筑风格应与附近建筑相协调。

（8）应考虑今后的发展需要，留有发展余地。

（9）掌握设计标准，控制投资指标。

二、独立充电换电站工程设计应遵循的原则和思路

（一）独立充电换电站工程设计应遵循的原则

（1）应遵守上述充电站工程设计的基本原则。

（2）合理划分充电区、换电池区、电池维修区、电池存放区、附属设施区等，使各区不相互干扰，车辆不来回、交叉穿行。

（3）如有可能时，应考虑能扩建成与加油或加气的合建站。

（二）独立充电换电站工程设计的思路

独立充电换电站工程设计较复杂，在本章第三节将专门对其方案设计和总平面布置进行探讨，此处不再介绍。

三、 住宅小区车库充电站工程设计应遵循的原则和思路

（一）住宅小区车库充电站工程设计应遵循的原则

（1）应遵守上述充电站工程设计的基本原则。

（2）工程设计应充分考虑居民车库的实际情况，保证居民车库的整体安全。

（3）如电动汽车占有一定比例时，最好将电动汽车集中靠近停放，便于集中设充电桩。

（二）住宅小区车库充电站工程设计思路

住宅小区车库充电站通常在地下车库内，其特点是每台汽车的停车位置是固定的，库内停的车有燃油汽车和电动汽车，而且目前国内以燃油汽车为多数。多数车库在建设时都未将这两种车的车位分别集中设置，这种充电站只能在每个电动汽车停车位相应位置设置交流充电接口或交流充电桩。充电接口和交流充电桩有多种式样，如图 7-1 所示。

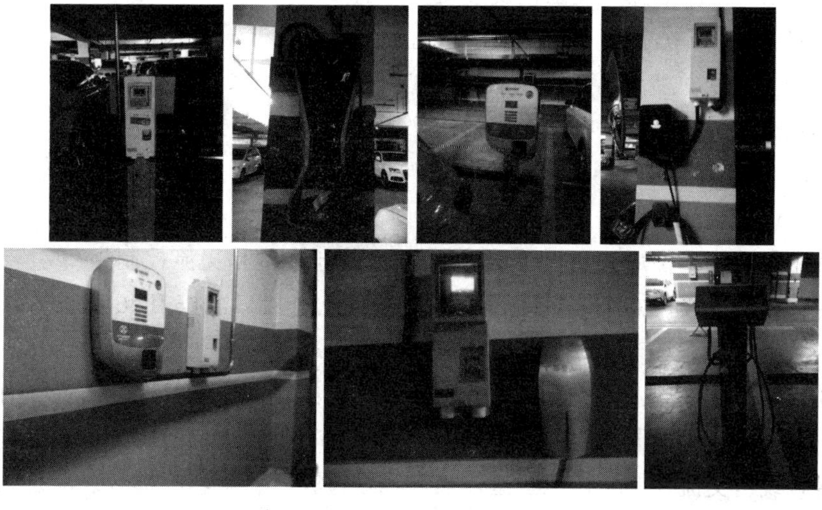

图 7-1　充电接口和交流充电桩

四、 公交汽车和商场公共停车场充电站工程设计应遵循的原则和思路

（一）公交汽车和商场公共停车场充电站工程设计应遵循的原则

（1）应遵守上述充电站工程设计的基本原则。

（2）工程设计应充分考虑公交汽车和商场公共停车场的实际情况，保证公共停车场的整体安全。

（3）如电动汽车占有一定比例时，最好将电动汽车能集中靠近停放，这样便于集中设充电桩。

（二）公交汽车和商场公共停车场充电站工程设计思路

（1）公交汽车和商场公共停车场通常是不固定车位的，这样就可以将电动汽车的车位集中设置，将充电设备相应安装在电动汽车的车位旁边，方便充电。

（2）有条件时也可为电动汽车专门设置充电车道

（3）也可像住宅小区车库充电站那样，在每个电动汽车停车位相应位置设置交流充电接口或交流充电桩。

（4）也有在人口密集的居民区、商业区建设立体式停车场（库）充电站，占地面积小、空间利用率高，通常配备一定数量的直流充电机或交流充电桩。立体充电站根据其建设型式可以分为自行式立体充电站、升降横移式立体充电站和垂直升降式立体充电站。

① 自行式立体停车场（库）充电站布设方案：

（a）在每个停车位相应位置设置交流充电接口。

（b）也可在部分指定车位配置少量直流充电接口。

② 升降横移式立体停车场（库）充电站布设方案：

（a）采用5层配置可停放11辆电动汽车，作为1个立体充电单元。最下层1个车位安装直流充电接口，配置35kW直流充电机，其余10个停车位安装AC220V/5kW交流电源。

（b）每个停车位后设置一个充电接口，充电接口和交流控制柜（或整流柜）间采用软导线连接。如果停车库布置在室外，充电接口需按IP56防护等级进行设计。

③ 垂直升降式立体停车场（库）充电站布设方案：在停车盘上设置具有集电器的充电接口，集电器固定在停车盘上，同时在每个停车位的后方位置设置滑触线，滑触线由交流控制柜供电。这样当车辆经过驶入、旋转、提升、就位几个过程后，集电器自动和滑触线连接，完成充电电源的接入。

第二节 充电换电站主要建（构）筑物布设要点

充电换电站的主要功能就是完成电动汽车电池电能的补给，为此，一个完整的充电站需要布设变配电室、监控室、充电区、更换电池区及电池储存库和电池修理间、服务性建筑等7个建(构)筑物，其布设要点如下。

一、 变配电室

变配电室为充电站提供所需的电源，不仅给充电机提供电能，而且要满足照明、控制设备的用电需求，内部安装有变配电所有设备、配电监控系统、相关的控制和补偿设备。

变配电室的位置可选在接线方便、用电多的地方，可与无着火爆炸危险的建筑相邻布置。

二、 监控室

监控室用于监控整个充电站的运行情况，并完成管理情况的报表打印等。内部建有充电机监控系统主机、烟雾传感器监视系统主机、配电监控系统通信接口、视频监视终端等。

监控室的位置可选在接线方便、用电多的地方，可与无着火爆炸危险的建筑相邻布置。

三、 充电区

在充电区完成电能的补给，内部建设充电平台、充电机以及充电站监控系统网络接口，同时应配备整车充电机。

充电区通常建造充电棚或充电车道。

四、 更换电池区

更换电池区是车辆更换电池的场所，通常建有旧电池退收间、新电池更换间和用于存放备用电池的电池存储库。为了减轻体力劳动，需要配备电池更换机械设备。

五、 电池储存库

电池储存库是储存保管新电池的仓库，库内应按电池不同型号、进货的不同批次摆放，通常应设货架，建立货卡和货账。要求货、卡、账三者相符。

货架摆放要整齐，货架之间、货架与墙之间应留有一定距离，并设车辆运输通道。

六、 电池修理间

电池重新配组、电池组均衡、电池组实际容量测试、电池故障的处理等工作都在电池修理间进行。其消防等级按化学危险品处理。

充电站配置可同时满足整车充电方式和电池组更换方式，且应考虑相关维护操作需求。但是，对于一个实际的充电对象，应该基于运行要求和环境条件，根据实际的功能进行组合，以降低建设成本。

七、 服务性建筑

为了提高充电换电站的营业效益，满足客户对服务质量的要求，适应市场经济发展趋势，充电换电站逐步增建了一些服务性建筑，如司机休息室、小超市、公共卫生间、洗修汽车棚等。

为了保持充电换电站内不乱，这些服务性建筑尽量建在靠近站内大门位置。

第三节 充电（换电）站工程方案设计和总平面布置

为了推广电动汽车尽快走向产业化，需要解决电动汽车方便充电的问题，因此采用各种充电方式、建设各种类型的充电站是重要的基础。本节根据城镇交通规划、汽车停放场地(库)实际情况，遵循有关规范标准，吸取工程实践经验，对电动汽车各种充电方式和各型充电站设计方案进行探讨，可供参考。

一、 独立充电换电站工程方案设计探讨

独立充电站按电源补充方式的不同，可分为三种，第一种是现场直接给电动汽车充电的称独立充电站；第二种是采取换电池的方式给电动汽车补充电源的称独立换电站；第三种是既直接充电又换电池两种方式的称独立充电换电站。

（一）独立充电站设计方案探讨

独立充电站通常配备多台直流充电机和交流充电桩，可同时为多辆电动汽车提供充电服务。

1. 独立充电站的建设规模与设备配置

独立充电站的建设规模与设备配置目前国内尚无统一标准，通常分为大、

中、小型三级，各型的建设规模与设备配置见表 7-1。

表 7-1 独立充电站的建设规模与设备配置

规模	大型充电站	中型充电站	小型充电站
占地/m^2	1700~2000	1000	300~500
充电机配置	2 台大型：DC500V/400A； 4 台中型：DC500V/200A； 2 台小型：DC350V/100A； 4 台交流充电机	2 台中型：DC500V/200A； 2 台小型：DC350V/100A； 4 台交流充电机	1~2 台小型：DC350V/100A； 2~3 台交流充电机
配电系统配置	10kV 双路常供，单母线接线，配电变压器：干式非晶合金变压器，0.4kV 侧：单母线分段接线，两段母线之间设分段联络柜	10kV 单路常供，单母线接线，配电变压器：干式非晶合金变压器，0.4kV 侧：双路进线(一主一备)，单母线接线方式	0.4kV 供电
其他配置	有源滤波无功补偿设备，计量计费系统，充电站监控系统：配电监控、充电机监控和安防监控系统	有源滤波无功补偿设备，计量计费系统，充电站监控系统：充电机监控和安防监控系统	计量计费系统，选配充电站监控系统和安防监控系统

2. 独立充电站的配电系统主要设备选型

独立充电站的配电系统主要设备选型见表 7-2。

表 7-2 独立充电站配电系统主要设备选型

设备名称		设备选型
10kV 配电系统主要设备选型	10kV 配电变压器类型的选择	10kV 配电变压器宜选用干式非晶合金变压器，与 GB/T 10228《干式电力变压器技术参数和要求》相比，其空载损耗仅为规定值的 25%~30%，负载损耗仅为规定值的 85%
	10kV 高压开关柜的选择	10kV 高压开关柜采用中置式开关柜，内配真空断路器。如需降低造价成本，配电容量小于 400kVA 时可考虑选用负荷开关
0.4kV 系统接线与设备选择	大型充电站	采用单母线分段接线，设进线柜、有源滤波无功补偿柜和出线柜。两段母线之间设分段联络柜
	中型充电站	采用一主一备的双路进线，单母线接线，设带计量的进线柜、有源滤波无功补偿柜、设带计量的出线柜和备用电源进线柜

续表

设备名称		设备选型		
有源滤波及无功补偿系统选择	补偿原则	按照谐波补偿率大于 85%		
		补偿范围 2~25 次谐波的设计目标		
		大、中型充电站的补偿容量配置如下：		
	补偿容量配置	规模	补偿容量/kVA	补偿容量配置
		大型充电站	187.23	配置 2 台 120kVA APF 装置
		中型充电站	60.59	配置 1 台 80kVA APF 装置

3. 独立充电站充电机的选择

独立充电站充电机的选择见表 7-3。

表 7-3　独立充电站充电机的选择

项目	方法及内容		
选择依据	充电站充电机的选择是依据其工作原理与整流方式来选择		
选择方法步骤	①确定最高充电电压； ②确定最大充电电流； ③根据最高充电电压和最大充电电流选择充电机； ④确认充电机的通信协议满足 NB/T 3303—2010 的要求		
选择方法举例	假设某电动汽车采用的是 100 只 300Ah 的磷酸铁锂串接的蓄电池组，则给其充电的充电机的参数应为： ①充电机的最高充电电压为电动汽车上装载的蓄电池组只数乘以单体电池的最高充电电压，即充电机的最高充电电压为 100×3.9=390V。 ②充电机的充电电流值范围为60~300A。 ③根据以上的计算，选择中型充电机(500V/200A)，即可满足对此电动汽车的正常充电和一定程度的快速充电的要求		
单台充电机的选择	设备型号	主要性能参数	适用条件
	大型充电机	①输出电压 DC300~500V ②最大输出电流 400A	①电池只数 70~120 ②电池容量不大于 2000Ah
	中型充电机	①输出电压 DC300~500V ②最大输出电流 200A	①电池只数 70~120 ②电池容量不大于 1000Ah
	小型充电机	①输出电压 DC150~350V ②最大输出电流 100A	①电池只数 36~80 ②电池容量不大于 500Ah
	交流充电机	输出电压 AC220V	用于具有车载充电机的电动汽车，最大输出功率 5kW

续表

项目		方法及内容
多台充电机并联工作方式的选择	工作方式	在电动汽车充电使用过程中，如果单台充电机不能满足电动汽车对充电时间/充电电流的要求，可采用多台同型号的充电机并联工作，以扩展充电机容量，增大充电机的输出电流
	并联工作后的参数	①输出电压与单台充电机的输出电压范围相同 ②输出电流为单台充电机的输出电流的累加 ③占地面积为单台充电机占地面积的累加

4. 独立充电站的监控系统设置

独立充电站的监控系统设置见表7-4。

表7-4 独立充电站的监控系统设置

项目		内 容	
监控系统的构成		充电站的监控系统包括充电设施监控后台、充电机控制系统、配电系统监控、通信管理机、计量系统、计费系统和安防系统等	
充电站监控后台	充电站监控后台构成	充电设施监控后台通常由一台服务器与两台工作站组成，也可根据需要增加监控工作站与服务器数量，系统内的计算机通过以太网互联	
	充电站监控后台系统的功能	(1)	数据采集功能
		(2)	控制调节功能
		(3)	数据处理与存储
		(4)	事件记录
		(5)	人机操作与图形编辑
		(6)	报警处理
		(7)	通信功能
		(8)	用户管理和权限管理
		(9)	报表管理与打印功能
		(10)	系统维护与系统自检
		(11)	可扩展性
		(12)	GPS对时
		(13)	充电管理
		(14)	充电设施智能负荷调控

续表

<table>
<tr><th colspan="2">项目</th><th colspan="2">内　　容</th></tr>
<tr><td rowspan="3">充电站监控后台</td><td rowspan="3">充电站监控后台系统技术指标</td><td>(1)系统容量指标</td><td>①可监控保护测控装置数量：≥100；
②可监控充电机数量：≥100</td></tr>
<tr><td>(2)系统可靠性指标</td><td>①模拟量测量综合误差：≤1%；
②遥信正确率：≥99%；
③遥控正确率：≥99.99%；
④平均无故障时间(MTBF)：≥8760h</td></tr>
<tr><td>(3)系统实时性指标</td><td>①数据采样扫描周期：1~10s；
②系统控制操作响应时间：<10s；
③画面调用时间：<3s；
④画面实时数据刷新时间：5~30s；
⑤实时数据查询响应时间：<3s；
⑥历史数据查询响应时间：<10s；
⑦正常情况下 CPU 负载：≤30%(1min 平均值)；
⑧事故情况下 CPU 负载：≤70%(1min 平均值)</td></tr>
<tr><td colspan="2" rowspan="4">通信管理机的功能</td><td>(1)</td><td>通信管理机是充电站监控系统的通信核心</td></tr>
<tr><td>(2)</td><td>负责配电系统监控、充电站监控后台及充电机之间的数据交换</td></tr>
<tr><td>(3)</td><td>负责向安防系统转发报警信号，实现视频监控联动</td></tr>
<tr><td>(4)</td><td>负责向充电设施上级监控系统转发本站相关信息</td></tr>
<tr><td colspan="2" rowspan="2">充电机控制系统</td><td>(1)充电机控制器作用</td><td>充电机控制器是充电机的主要组成部分，是充电机的控制中心和通信枢纽</td></tr>
<tr><td>(2)充电机控制器功能</td><td>①负责与充电设施后台系统交换数据；
②完成充电机的充电控制；
③与 BMS 通信获取电池状态和运行信息；
④获取电能计量表信息，完成充电计费和充电过程的联动控制；
⑤将计量计费、充电机工作信息传送给直流充电桩上送的控制命令等</td></tr>
<tr><td colspan="2">配电系统监控</td><td colspan="2">配电系统监控的功能为针对充电设施配电系统的监控及保护功能的实现。通过充电设施监控后台系统实现双向数据交换</td></tr>
</table>

续表

项目	内容	
安防监控系统	(1)安防监控系统功能	①实时视频监控； ②报警功能； ③控制功能； ④图像录像管理； ⑤系统对时功能
	(2)安防监控系统主要性能指标要求	①系统可用率：>99%； ②同屏同时可监看的充电站个数：≥4个； ③监控中心的监控终端(工作站)图像控制切换响应时间：<1s； ④图像传输帧速率：12～25帧/s可调；图像分辨率：达到CIF格式(352×288)以上(包括CIF格式)； ⑤计算机显示分辨率：≥800×600； ⑥系统时钟精度：<1s； ⑦系统平均无故障时间(MTBF)：>30000h；系统平均维护时间(MTTR)：<0.5h； ⑧计算机CPU平均负荷率：<30%； ⑨监控画面显示与实际事件发生时间差：<0.5s； ⑩事件报警到系统自动记录响应时间差：<1s；各报警探头报警到后台信息时间差：<1s；各报警探头报警到监控中心显示时间差：<1s
充电站的网络结构	(1)建筑工程系统	①综合办公室控制系统； ②充电站场地控制系统； ③充电站标识控制系统； ④其他建筑控制系统
	(2)配电系统	①10kV配电系统； ②变压器； ③400V配电系统； ④有源滤波及无功补偿装置； ⑤直流操作电源； ⑥电力电缆
	(3)充电机系统	①直流充电机； ②交流充电桩
	(4)监控系统	①充电站监控后台系统； ②配电保护监控系统； ③充电机监控系统； ④安防监控系统； ⑤计量计费系统

（二）独立换电站设计方案探讨

1. 换电站的优缺点

1）换电站的优点

换电站采用对电动汽车更换电池的方式，可满足电动汽车快速补充电能需求，以降低电动汽车的运营成本，增加运营效益。

2）换电站的缺点

换电站一般建在土地资源比较宽裕的地点，占地面积很大，需要专用的库房来存放电池组，同时配备必要的电池更换机械设备。换电站通常还配备直流充电机或交流充电桩，以便对更换下来的电池组进行集中充电。这就使其一次性投资加大。

2. 换电站的建(构)筑物及设备设施

1）换电站的建(构)筑物及设备设施组成

要完成电动汽车更换电池的作业任务，较完善的换电站通常需要设置电池故障诊断间、电池维修间、电池充电间、电池储存库、电池更换吊装设备、停车场、值班监控室、附属服务房等。

2）换电站主要房间内设备设施

电池充电间内需配置电池充电架和充电机。值班监控室内设置各种监控系统，监控系统选择参见前述充电站的介绍。附属服务房包括小超市、公共休息室、公共卫生间、洗车棚等。

3. 换电站设备的选配

（1）需配备常规充电机、电池箱、充电架、电池更换设备等。

（2）电池箱应根据电动汽车的不同需求进行模块化配置，电池箱内配置电池监控单元和标准充电接口。电池箱的尺寸、箱内电池只数、电池容量等随电动汽车的不同而不同。

（3）充电架内设置电池箱抽屉，通过充电端子和电池箱连接；充电架设置工作、试验和分离三个明显的工作位置；充电架装设 BMS 模块；设置散热风道。

（4）电池更换设备可选择叉车或换电池机器人等进行操作。

（三）独立充电换电站设计方案探讨

独立充电换电站是充电站与换电站的合建站，其设计也应遵循本节电动汽车充电站设计原则，根据本合建站选点位置、站址周边道路布设情况、购地划定的红线、设计任务书中确定的规模和要求等进行；其系统与设备选择也同于前述充电站与换电站。

二、 充电（换电）站总平面布置原则

充电(换电)站总平面布置在电动汽车充电站相关规范中有明确规定，现摘编如下。

(一) 一般规定

(1) 充电站包括站内建筑、站内外行车道、充电区、临时停车区及供配电设施等。站区总布置应满足总体规划要求，并应符合站内工艺布置合理、功能分区明确、交通便利和节约用地的原则。

(2) 总平面布置宜按最终规模进行规划设计。

(3) 在保证交通组织顺畅、工艺布置合理的前提下，应根据自然地形布置充电站，尽量减少土石方量。

(4) 充电站宜单独设置车辆出入口。

(二) 充电设备及建筑布置

(1) 充电设备应靠近充电位布置，以便于充电，设备外廓距充电位边缘的净距不宜小于0.4m。充电设备的布置不应妨碍其他车辆的充电和通行，同时应采取保护充电设备及操作人员安全的措施。

(2) 在用地紧张的区域，充电站内的停车位可采用立体布置。

(3) 充电设备的布置宜靠近上级供配电设备，以缩短供电电缆的路径。

(4) 充电站内建筑的布置应方便观察充电区域。

(5) 充电站宜设置临时停车位置。

(三) 道路的设置

(1) 充电站内道路的设置应满足消防及服务车辆通行的要求。

(2) 充电站的出入口不宜少于2个，当充电站的车位不超过50个时，可设置1个出入口。入口和出口宜分开设置，并应明确指示标识。

(3) 充电站内双列布置充电位时，中间行车道宜按行驶车型双车道设置；单列布置充电位时，行车道宜按行驶车型单车道设置。

(4) 充电站内的单车道宽度不应小于3.5m，双车道宽度不应小于6m。

(5) 充电站内道路的转弯半径应按行驶车型确定，且不宜小于9m。

(6) 道路坡度不应大于6%，且宜坡向站外。

(7) 充电站内道路不宜采用沥青路面。

(8) 充电站的道路设计宜采用城市型道路。

(9) 充电站的进出站道路应与站外市政道路顺畅衔接。

三、 充电换电站工程设计总平面布置方案探讨

遵循上述总平面布置原则，结合工程设计经验，设计了 5 个充电换电站总平面布置方案，并加以点评，供参考。

（一）总平面布置方案一

方案一，平面布置图见图 7-2。

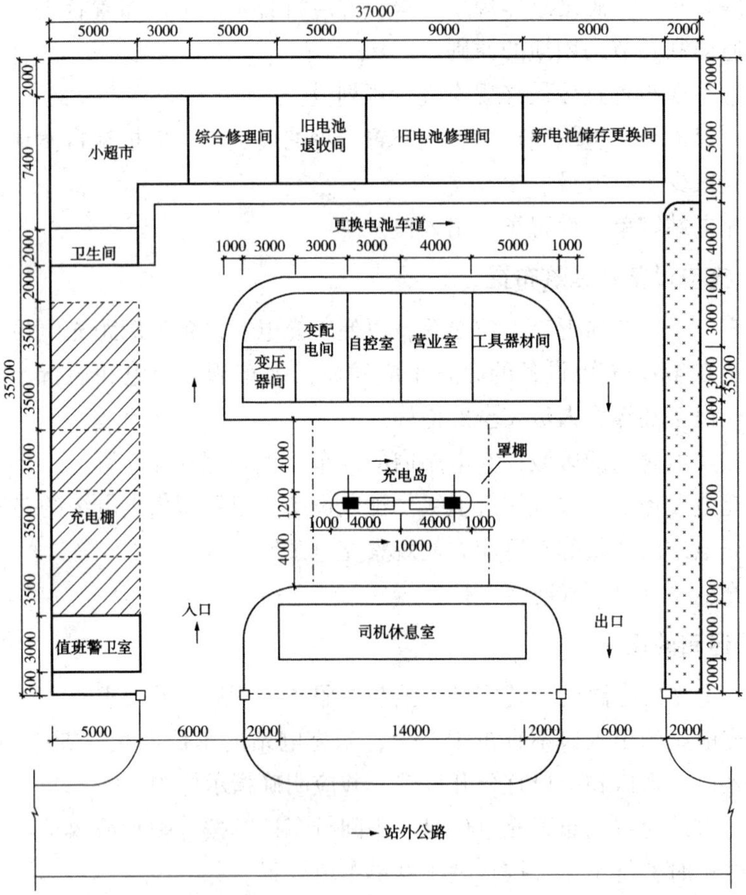

图 7-2 方案一

方案一特点：

（1）本方案占地面积 1302.4m²，房屋建筑面积 370m²，5 个充电棚面积 87.5m²。

（2）本方案是 3 车道充电与换电池两功能的站，设有充电岛可供两车道充电，有一条专用换电池车道。

(3) 本站设有5个充电棚，每个棚装1个充电桩，可供5辆汽车停靠充电。

(4) 本站设有司机休息室、小超市、公共卫生间等公用设施，体现了新的经营理念。

(5) 本站现设3间更换电池的业务用房，总长22m，总建筑面积110m²，在技术设计时也可按更换电池的工序分隔为旧电池退收间、故障诊断间、电池修理间、电池检测间、新电池储存更换间等。

(二) 总平面布置方案二

方案二，平面布置图见图7-3。

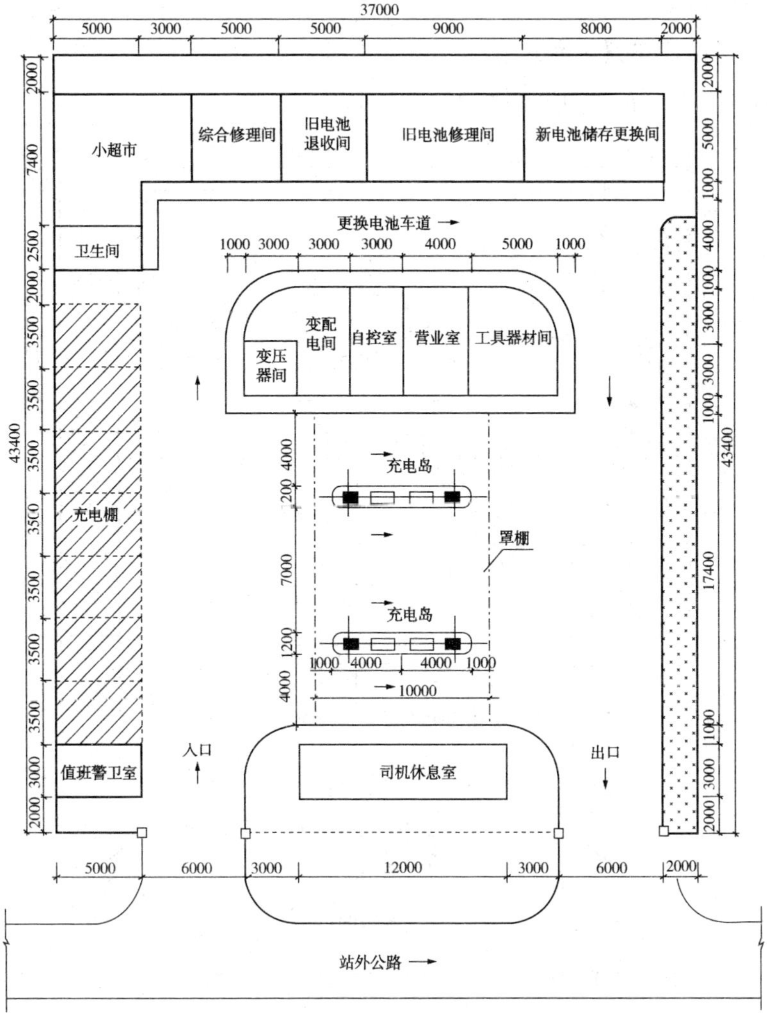

图7-3 方案二

方案二特点：

(1) 本方案是5车道充电与换电池两功能的站，占地面积1605.8m^2，房屋建筑面积366m^2，7个充电棚面积122.5m^2。

(2) 方案二与方案一大同小异，建筑风格相同，方案一有的优点它都有。两方案比较，方案二更好一点。

(3) 方案二与方案一东西宽度一样，都是37m，房屋建筑面积基本相同，只小4m^2。只是方案二比方案一南北长多了8.2m，但方案二比方案一多了两条充电车道、两个充电棚，使性价比大大提高，经济效益、社会效益大大提高，这就是方案二比方案一的改进之处。

(三) 总平面布置方案三

方案三，平面布置图见图7-4。

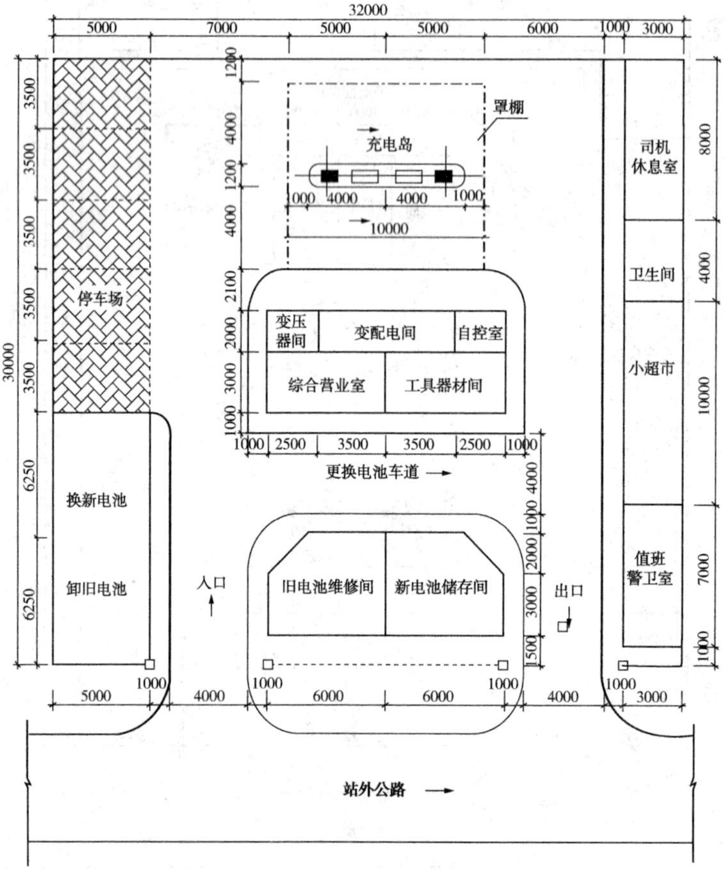

图7-4 方案三

方案三特点：

（1）本方案是三车道充电与换电池两功能的站，设有充电岛可供两车道充电，有一条专用换电池车道。

（2）本方案占地面积 $960m^2$，房屋建筑面积 $268m^2$，5 个停车场面积 $87.5m^2$。

（3）本站设有 5 个停车位的停车场，这可以改造为 5 个充电棚，每个棚装 1 个充电桩，可供 5 辆汽车停靠充电。

（4）本站设有司机休息室、小超市、公共卫生间等公用设施，体现了新的经营理念。

（5）本站现设 4 间更换电池的业务用房，总建筑面积 $122.5m^2$，在技术设计时也可按更换电池的工序分隔为旧电池退收间、故障诊断间、电池修理间、电池检测间、新电池储存更换间等。

（6）方案三与方案一都是三车道，均有 5 个停车位，都可承担充电换电池功能，完成的任务也基本相同，但方案三占地面积只有 $960m^2$，而方案一占地面积达 $1302.4m^2$，比方案三多占地 $342.4m^2$，方案三只有方案一占地面积的 73.71%，房屋建筑面积方案三比方案一少 $102m^2$，可见方案三比方案一好得多，使性价比又提高不少。

（四）总平面布置方案四

方案四，平面布置图见图 7-5。

方案四特点：

（1）本方案是五车道充电与换电池两功能的站，占地面积 $1216m^2$，房屋建筑面积 $297m^2$，7 个停车场面积 $122.5m^2$。

（2）方案四与方案三大同小异，建筑风格相同，方案三有的优点它都有。两方案比较，方案四更好一点。

（3）方案四与方案三东西宽度一样，都是 32m，但南北长多了 8m，所以房屋建筑面积方案四比方案三大 $29m^2$，停车场多了 $35m^2$。方案四比方案三还多了 2 条充电通车道、2 个停车位，使性价比大大提高，经济效益、社会效益大大提高，这就是方案四比方案三的改进之处。

方案四与方案二都是五车道，都是充电与换电池两功能的站，方案二的优点方案四都有，两者相比，方案四比方案二要好：

① 方案四比方案二虽然房屋建筑面积少了 $69m^2$，但占地面积少了 $389.8m^2$，通常地皮每平方米的价格远远大于房屋每平方米的价格，可见方案四比方案二投资减少很多，房屋建筑面积少，工期也可缩短，所以方案四相比方案二经济效益、社会效益均大大提高。

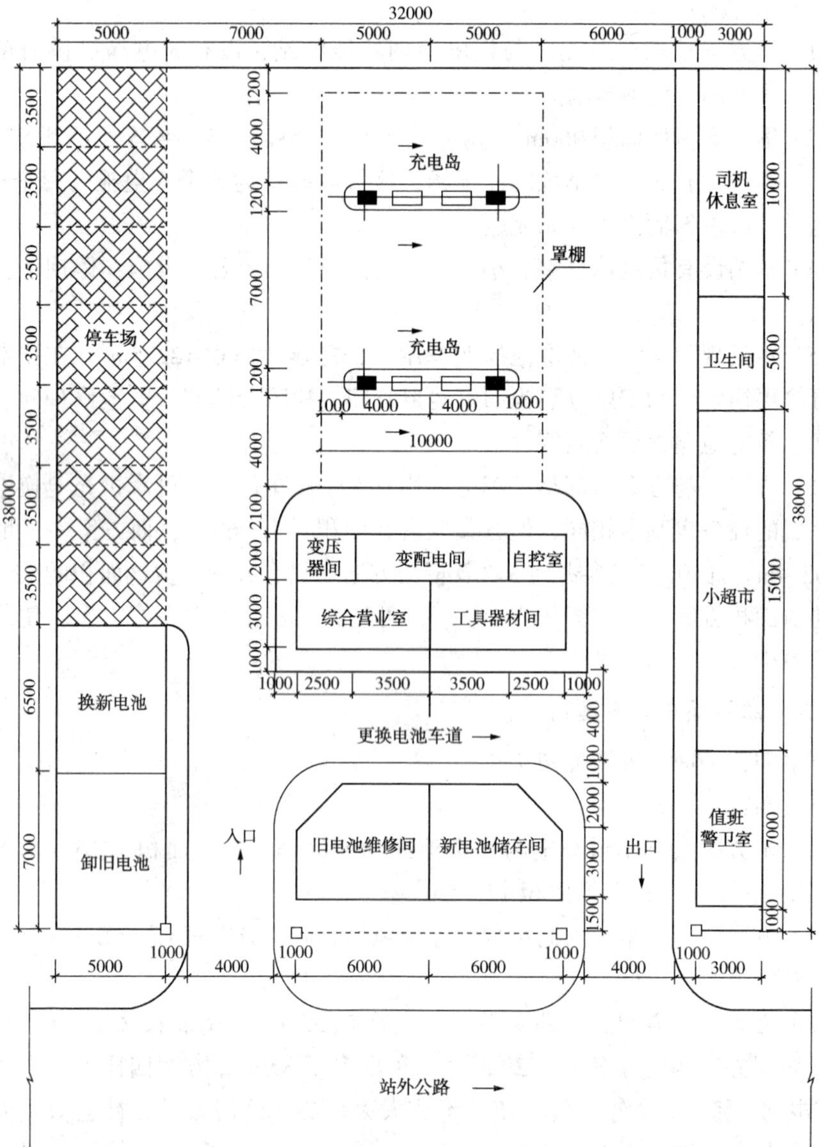

图 7-5　方案四

② 更换电池的汽车比充电汽车在车道停留时间短，车流量大，方案四的换电池车道靠近站的大门口，相对方案二的换电池车道远离大门口，减少了整个站内车流的乱象，相对提高了站的安全度。

③ 司机休息室、小超市、公共卫生间等公用设施的布置，方案四集中布置

在一侧，与业务用房彻底分开，而方案二这些公用设施布置在远离大门口，且与业务用房混在一起，这又增加了不安全因素。

（五）总平面布置方案五

方案五，平面布置图见图 7-6。

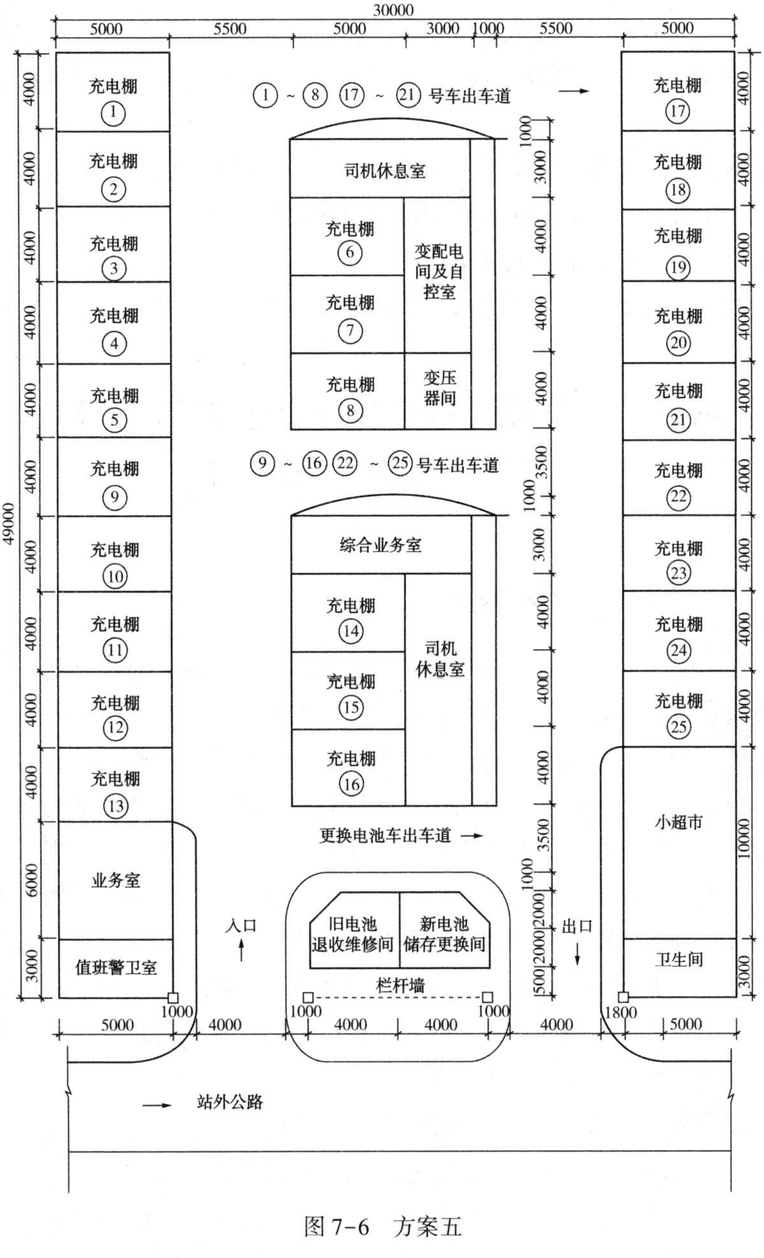

图 7-6　方案五

方案五特点：

（1）本方案是25个充电车位的充电换电池两功能站，占地面积1470m^2，房屋建筑面积262m^2，25个充电棚面积500m^2。

（2）本方案最大优点是可同时为25辆电动汽车充电，可满足慢充电电动汽车的要求。

（3）更换电池的汽车比充电汽车在车道停留时间短，车流量大，本方案将换电池的车道靠近站的大门口，减少了整个站内车流的乱象，相对提高了站的安全度。

（4）本站设有司机休息室、小超市、公共卫生间等公用设施，体现了新的经营理念。小超市、公共卫生间等公用设施布置在离大门口近的地方，减少了整个站内的乱象，相对提高了站的安全度。

（5）本站以南北中线为轴建筑物东西对称布置，建筑造型整齐、美观。

第四节　充电（换电）与加油加气合建站总平面布置方案探讨

一、建设合建站的探索

充电、加油、加气站都是为汽车补充能源的场所，都分布在交通公路上，如果能够两站合建或三站合建，应当是较合理的方案。一是站点布局数量在同一个交通网上可省很多；二是合建站的总占地面积比分开单独建站的面积总和要少很多；三是合建站的服务性建筑可共用，建筑总面积比分开单独建站的建筑面积总和要少很多；四是合建站的管理人员编制人数比分开单独建站的管理人员编制人数总和要少很多；五是合建站的共用设备数量比分开单独建站的共用设备数量总和要少很多；六是合建站管理体制比分开单独建站的管理体制简单得多，可见合建站优点确实不少。况且加油站在全国已建有10多万个，若在加油站扩建充电站或加气站，将使充电站和加气站的建设速度加快很多，而对其建设成本却减少很多，对充电汽车和加气汽车产业发展大有好处。

但是合建站、特别是三站的合建，目前国内尚未见到，同时合建站也少有专门规范支持。目前只有GB 50156—2012《汽车加油加气站设计与施工规范》这一部规范提到合建站的规定，而且多是提加油站与加气站的合建，对于与充电站的合建，该规范只在第 5 章的 5.0.7 条提到“电动汽车充电设施应布置在辅助服务区内”，是充电站与加油、加气站的合建的唯一的依据，因此本节内容只是探讨，作者在此大胆设计了 9 个不同组合形式的合建站与同行探讨，供建设合建站参考。

若有想建合建站者，应结合当地实际，请权威专家充分讨论提出方案，采取相应安全措施，并请相关部门审查批准，作为试点工程试建、试用，试用中要采取安全措施，确保安全，并注意总结经验。

在试建合建站中，若有相应规范发布，应执行新的相应规范。

二、 合建站总平面布置原则

合建站有多种组合形式，有加油、加气、充电三站合建，有两站合建。两站合建又分加油与加气合建、加油与充电合建、加气与充电合建等三种形式。不同的合建形式，则总平面布置原则有所差异，但也有共同之处。

（一）共同之处

1. 共同遵循的基本原则

（1）都应严格遵循相关规范的规定。

（2）都应充分利用周围场地、道路等公共设施，尽量与周围环境及建筑相协调。

（3）符合当地城镇总体规划和长远发展要求。

（4）严格执行相应规范要求的与站外单位和站内的建（构）筑物之间的防火安全距离。

（5）按不同功能合理分区，减少相互干扰，提高作业效率，保证站内外安全。

（6）合理布置场地、道路和车辆出入大门，有利于与站外公路连接，方便车辆出入。

（7）合理进行站内绿化，美化环境，减少混凝土地面，节约投资。

2. 具体设计原则及思路

（1）合建站在整体上应按不同能源汽车分为大区，使不同能源汽车的作业不相互干扰，更不能造成安全隐患。通常将充电汽车区布置在远离公路的一侧，因为充电时间一般较长，电动汽车进出站不频繁。合建站的大区最多有加油区、加气区、充电换电区、附属设施区及停车场等。附属设施区各大区可共用一个。各大分区间宜用栏杆墙分隔，整个合建站应设围墙，在大门口应设值班室。

（2）在每个能源汽车的大区中还应划分不同作业的小区，使每个小区的作业也不乱。整个站内及每个小区都应划出行车路线和停车位置。

（3）合建站宜分方案设计、扩初设计、施工图设计等三步，每步都应经上级和相关部门审批后再继续进行，以免返工造成浪费。

（二）差异之处

1. 三站合建布置原则

（1）三站合建就应遵循三站有关的规范，主要有GB 50156—2012《汽车加油加气站设计与施工规范》、NG/T 1001—2011《液化天然气（LNG）汽车加气站技术规范》、GB 50966—2014《电动汽车充电站设计规范》、GB/T 29781—2013《电动汽车充电站通用要求》等。

（2）三站的业务性建（构）筑物分区界线应明显，并宜将车辆流动频繁的加油或加气站布置在靠近公路的出入口一侧，将车辆需停留时间长的充电站布置在整个站距出入口远的后方。

（3）站内附属用房和服务性设施，三站合建宜统一考虑布置。

2. 两站合建布置原则

（1）两站合建应遵循两站有关的相应规范。

① 加油与充电合建站就应遵循GB 50156—2012《汽车加油加气站设计与施工规范》、GB 50966—2014《电动汽车充电站设计规范》、GB/T 29781—2013《电动汽车充电站通用要求》。

② 加气与充电合建站就应遵循GB 50156—2012《汽车加油加气站设计与施工规范》、NG/T 1001—2011《液化天然气（LNG）汽车加气站技术规范》、GB 50966—2014《电动汽车充电站设计规范》、GB/T 29781—2013《电动汽车充电站通用要求》。

（2）两站的业务性建（构）筑物分区界线应明显，并宜将车辆流动频繁的加油或加气站布置在靠近公路的出入口一侧，将车辆需停留时间长的充电站布置在整个站距出入口远的后部。

（3）站内附属用房和服务性设施，两站合建宜统一考虑布置。

三、双站合建总平面布置方案探讨

（一）充电加油合建站总平面布置方案探讨

1. 充电加油合建形式

充电加油合建站是充电站与加油站的合建，而充电站又有单纯的充电站、换电站、充电换电池站三种形式，因此充电加油合建站也有单纯充电与加油合建站、换电池与加油合建站、充电换电池与加油合建站等三种形式。

2. 充电加油合建站设计遵循原则

充电加油合建站是充电站与加油站的合建，设计应遵循如下原则：

对于充电站的设计应遵循本章第一节电动汽车充电站设计原则；对于加油站的设计应遵循 GB 50156—2012《汽车加油加气站设计与施工规范》标准。

另外还应根据本合建站选点位置、站址周边道路布设情况、购地划定的红线、设计任务书中确定的规模和要求等进行。

其系统与设备选择，也同于前述充电站与换电站；其平面布置也可参照前述充电站与换电站的平面布置。

3. 充电加油合建站总平面布置方案举例

充电加油合建站的三种形式，设计方案举例如下，可供参考。

1）总平面布置方案一

方案一，平面布置图见图 7-7。

方案一特点：

（1）本方案是四车道充电、换电池、加油三功能合建站。占地面积 1990m²，房屋建筑面积 420m²。

（2）本方案显著特点是沿围墙设 2 条汽车道路、设 4 个大门，将充、换电与加油两种业务分为两个院子，可采取分开独立经营的新管理模式，提高经济效益。而且可扩大油罐的储量，提高加油站的等级。

（3）业务及公共用房集中相连布置，节省外墙、节省投资、缩短工期，方便管理、使用。

（4）本方案按新的经营理念，以方便顾客为宗旨，比国内常规站增设了小超市、公共卫生间等公用建筑。

（5）将作业较频繁的加油作业布置在靠近公路，相对减少了与充电、换电池作业的交叉，提高了经营效益和社会效益及作业的安全性。

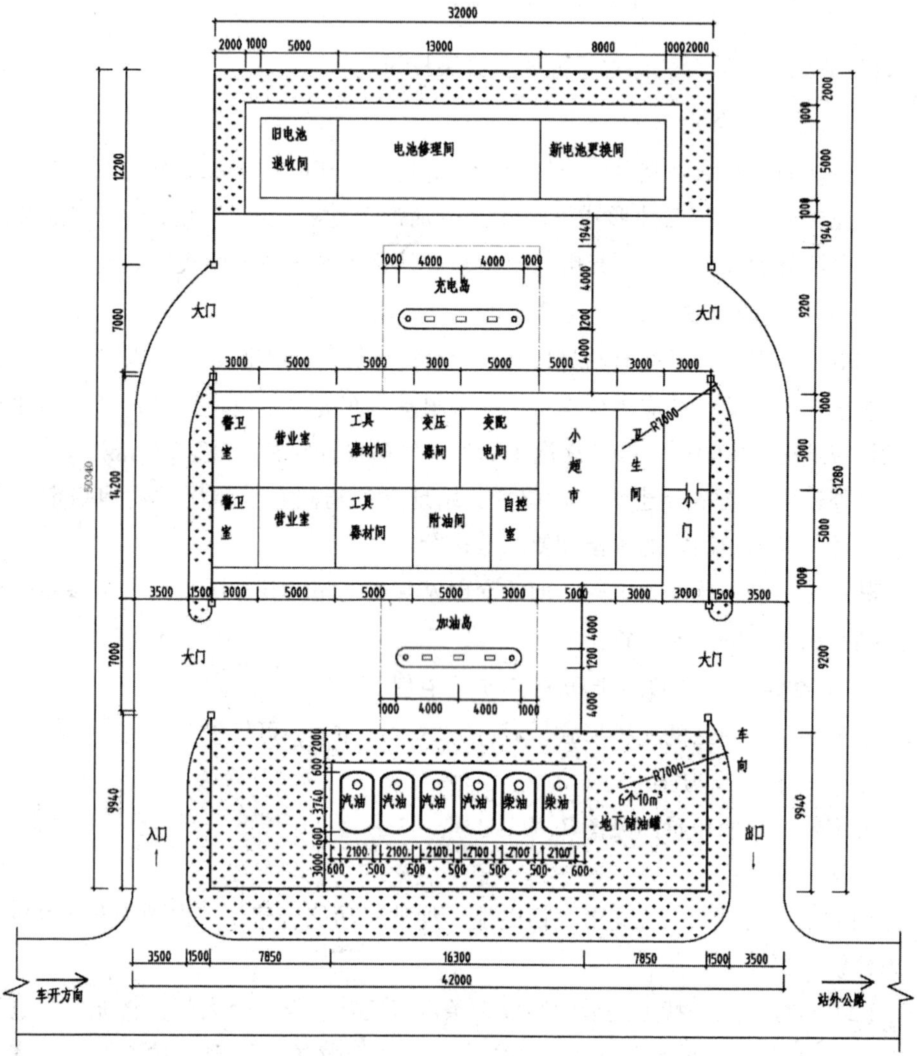

图 7-7　方案一

2）总平面布置方案二

方案二，平面布置图见图 7-8。

方案二特点：

（1）本方案是四车道充电、换电池、加油三功能合建站。占地面积 2030m^2，房屋建筑面积 420m^2，2 个停车位面积 39.7m^2。

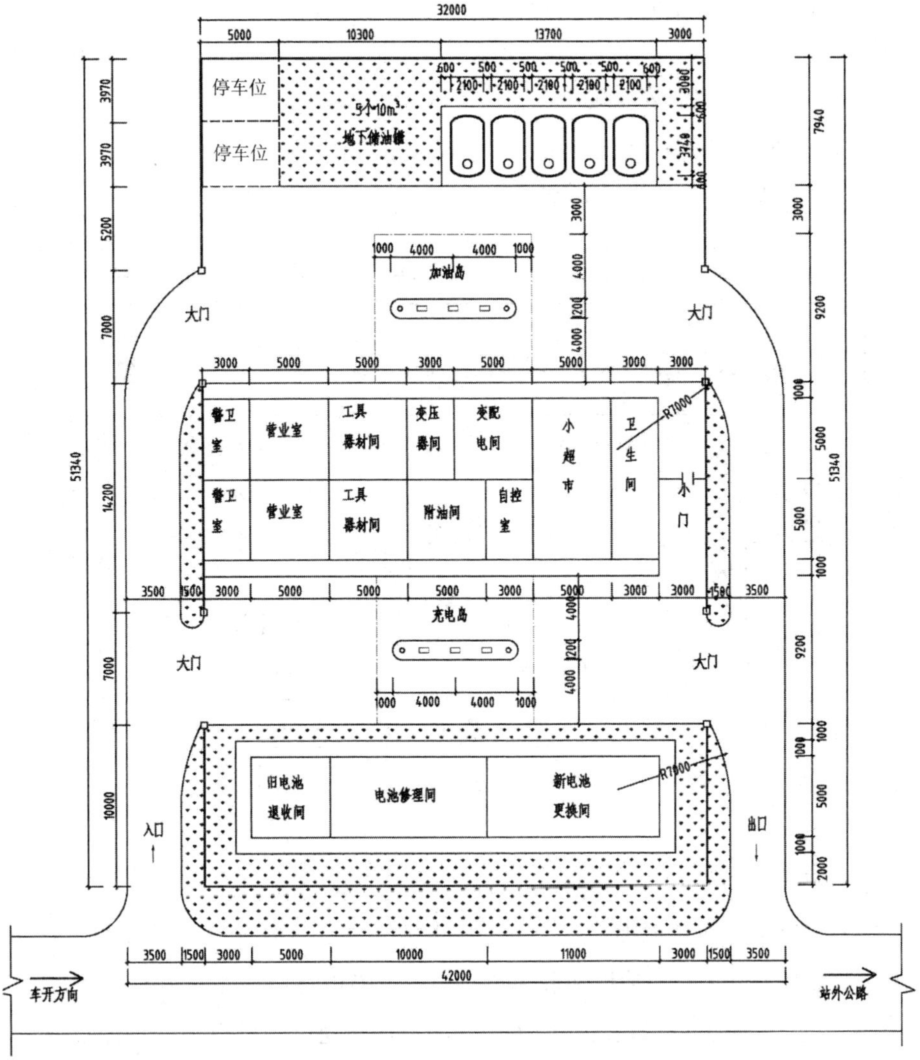

图 7-8　方案二

(2) 本方案显著特点是沿围墙设 2 条汽车道路、设 4 个大门，将充、换电与加油两种业务分为两个院子，可采取分开独立经营的新管理模式，提高经济效益。而且可扩大油罐的储量，提高加油站的等级。

(3) 业务及公共用房集中相连布置，节省外墙、节省投资、缩短工期，方便管理、使用。

(4) 本方案按新的经营理念，以方便顾客为宗旨，比国内常规站增设了停车位、小超市、公共卫生间等公用建筑。

(5) 将油罐集中一排布置，减少了站内占地面积。将油罐集中布置在远离大门的后方，提高了站的安全度。

3) 总平面布置方案三

方案三，平面布置图见图 7-9。

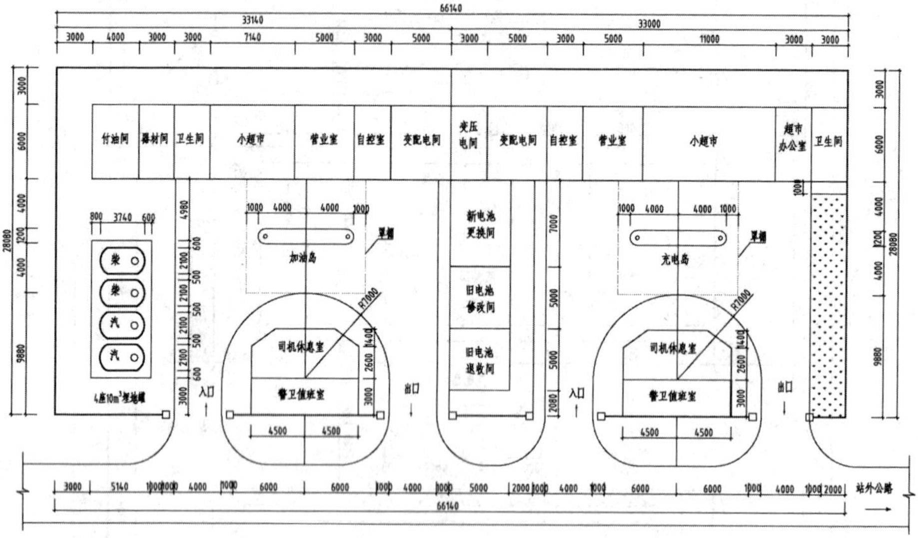

图 7-9 方案三

方案三特点：

(1) 本方案是四车道加油、充电、换电池三功能合建站。占地面积 1857m^2，房屋建筑面积 580m^2。加油设两股车道，充电、换电各设一股车道。

(2) 本方案显著特点是设 4 个大门，将加油与充电、换电池两功能业务分为两个院子，可采取分开独立经营的管理新模式，提高经济效益。

(3) 业务及公共用房集中相连布置，节省外墙、节省投资、缩短工期，方便管理、使用。

(4) 本方案按新的经营理念，以方便顾客为宗旨，比国内常规站增设了小超市、公共卫生间、司机休息室等公用建筑。

4. 充电加油合建站总平面布置方案点评

(1) 上述三个方案符合 GB 50156—2012 规范中第 5 章 5.0.7 条“电动汽车充电设施应布置在辅助服务区内”的规定。三个方案都将合建站的两个站分隔为两个院子，相对更加安全，作业更不相互干扰。

(2) 方案一、二平面布置类似，南北长，方案三东西长。其他功能三个方案差不多，建站时可根据实际需要选用。

(二) 充电加气合建站总平面布置方案探讨

1. 充电加气合建形式

充电加气合建站是充电站与加气站的合建，而充电站又有单纯的充电站、换电站、充电换电池站三种形式，因此充电加气合建站也有单纯充电与加气合建站、换电与加气合建站、充电换电池与加气合建站等三种形式。

2. 充电加气合建站设计遵循原则

充电加气合建站是充电站与加气站的合建，设计应遵循如下原则：

充电与加气合建站应遵循 GB 50966—2014《电动汽车充电站设计规范》、GB/T 29781—2013《电动汽车充电站通用要求》、GB 50156—2012《汽车加油加气站设计与施工规范》、NG/T 1001—2011《液化天然气(LNG)汽车加气站技术规范》。

另外还应根据本合建站选点位置、站址周边道路布设情况、购地划定的红线、设计任务书中确定的规模和要求等进行。

3. 充电加气合建站总平面布置方案举例

充电加气合建站的三种形式，设计方案举例如下，可供参考。

1) 总平面布置方案一

方案一，平面布置图见图 7-10。

方案一特点：

(1) 本方案是充电、换电池、加气三功能站，占地面积 2020m^2，房屋建筑面积 420m^2，洗修汽车棚面积 39.7m^2，2 个停车场面积 39.7m^2。充电设一股快速充电车道，换电池设一股车道，加气设两股车道。

(2) 本方案显著特点是沿围墙设 2 条汽车道路、4 个大门，将充、换电与加气两种业务分为两个院子，可采取分开独立经营的新管理模式，提高经济效益。而且可扩大气罐的储量，提高加气站的等级。

(3) 将车停时间短、车流量大的换电池车道布置在大门口，减少站内乱象，减少加气、充电车道与换电池车道的交叉，提高了车道的运行速度，使各车道运行更加合理。

(4) 业务及公共用房集中相连布置，节省外墙、节省投资、缩短工期，方便管理、使用。

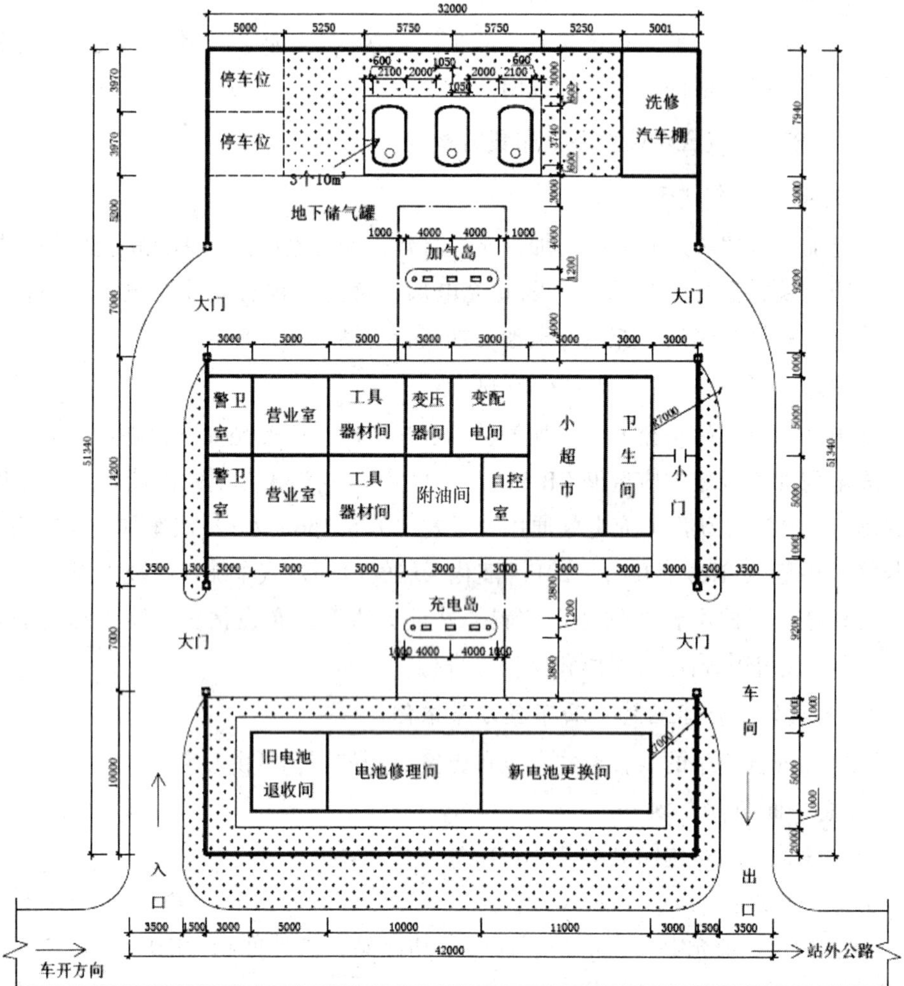

图 7-10　方案一

(5) 本方案按新的经营理念，以方便顾客为宗旨，比国内常规站增设了小超市、公共卫生间等公用建筑。

2) 总平面布置方案二

方案二，平面布置图见图 7-11。

方案二特点：

(1) 本方案是充电、换电池、加气三功能站，占地面积 1990m^2，房屋建筑面积 462m^2。充电设一股快速充电车道，换电池设一股车道，加气设两股车道。

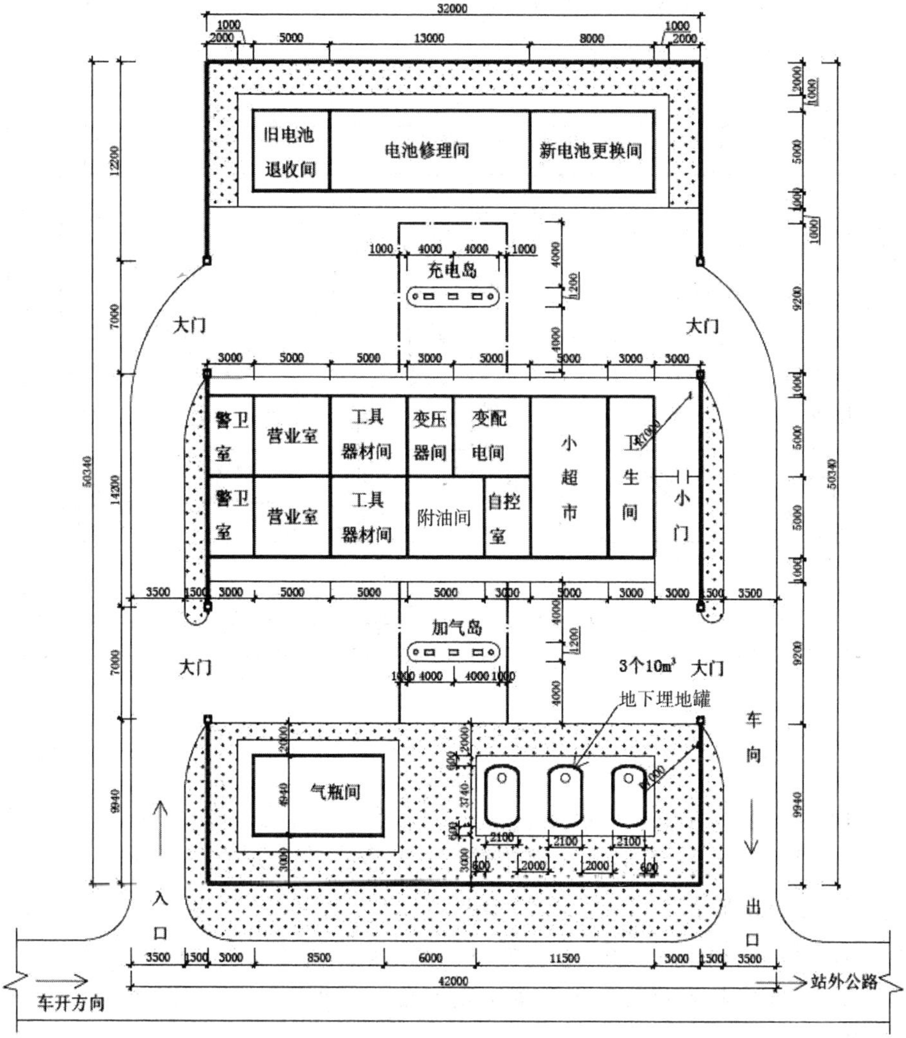

图 7-11　方案二

（2）本方案显著特点是沿围墙设 2 条汽车道路、4 个大门，将充、换电与加气两种业务分为两个院子，可采取分开独立经营的新管理模式，提高经济效益。而且可扩大气罐的储量，提高加气站的等级。

（3）业务及公共用房集中相连布置，节省外墙、节省投资、缩短工期，方便管理、使用。

（4）本方案按新的经营理念，以方便顾客为宗旨，比国内常规站增设了小超市、公共卫生间等公用建筑。

3）总平面布置方案三

方案三，平面布置图见图 7-12。

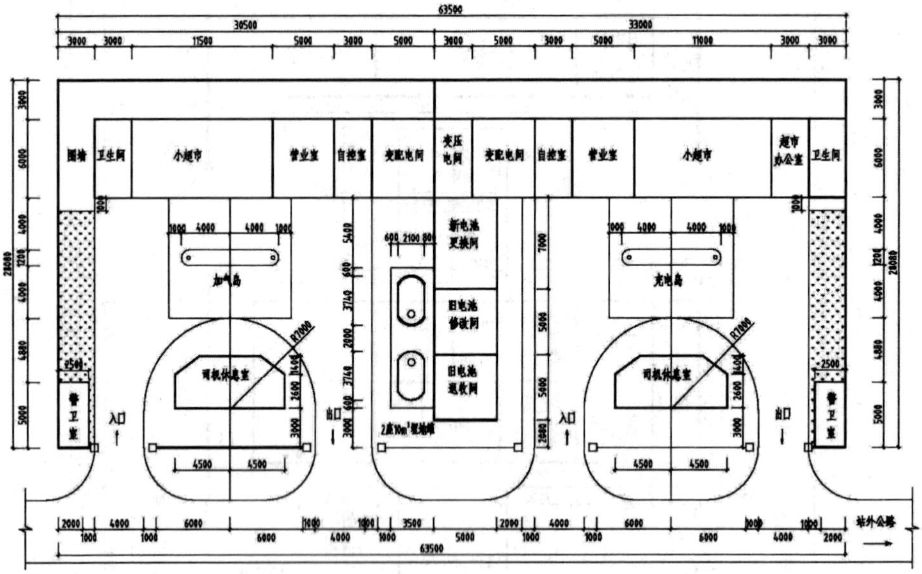

图 7-12　方案三

方案三特点：

（1）本方案是充电、换电池、加气三功能站，占地面积 1783m^2，房屋建筑面积 543m^2。充电设一股快速充电车道，换电池设一股车道，加气设两股车道。

（2）本方案显著特点是设 4 个大门，将加气与充电、换电两功能业务分为 2 个院子，可采取分开独立经营的新管理模式，提高经济效益。

（3）大部分业务及公共用房集中相连布置，节省外墙、节省投资、缩短工期，方便管理、使用。

（4）本方案按新的经营理念，以方便顾客为宗旨，比国内常规站增设了小超市、公共卫生间、司机休息室等公用建筑。

4. 充电加气合建站总平面布置方案点评

（1）上述三个方案符合 GB 50156—2012 规范中第 5 章 5.0.7 条“电动汽车充电设施应布置在辅助服务区内”的规定。三个方案都将合建站的两个站分隔为两个院子，相对更加安全，作业更不相互干扰。

（2）方案一、二平面布置类似，南北长，方案三东西长。其他功能三个方案差不多，建站时可根据实际需要选用。

四、 三站合建总平面布置方案探讨

(一) 充电加油加气合建站形式

充电加油加气合建站是充电站与加油站、加气站的合建，而充电站又有单纯的充电站、换电站、充电换电池站三种形式，因此充电加油加气合建站也有单纯充电与加油加气合建站、换电池与加油加气合建站、充电换电池与加油加气合建站等式三种形式。

(二) 充电加油加气合建站设计遵循原则

充电加油加气合建站是充电站与加油站、加气站的合建，设计应遵循三站相应规范为原则。

充电站应遵循 GB 50966—2014《电动汽车充电站设计规范》、GB/T 29781—2013《电动汽车充电站通用要求》等标准；加油与加气站应遵循 GB 50156—2012《汽车加油加气站设计与施工规范》、NG/T 1001—2011《液化天然气(LNG)汽车加气站技术规范》等标准。

另外还应根据本合建站选点位置、站址周边道路布设情况、购地划定的红线、设计任务书中确定的规模和要求等进行。

(三) 充电加油加气合建站总平面布置方案举例

充电加油加气合建站的三种形式，设计方案举例如下，可供参考。

1. 总平面布置方案一

方案一，平面布置图见图 7-13。

方案一特点：

(1) 本方案是充电、换电池、加油、加气四功能站，占地面积 4225m^2，房屋建筑面积 862m^2。充电设一股快速充电车道，换电池设一股车道，加油、加气各设两股车道。

(2) 充电、换电池、加油、加气站都是为汽车提供能源的场所，将 4 种功能的站合建，大大减少了单独设站的数量，减少了占地面积，减少了业务用房，节约了投资，减少了管理人员，节约了经营成本，提高了经济效益和社会效益，有条件时应尽量建这种合建站。

(3) 业务及公共用房集中相连布置，节省外墙、节省投资、缩短工期，方便管理、使用。

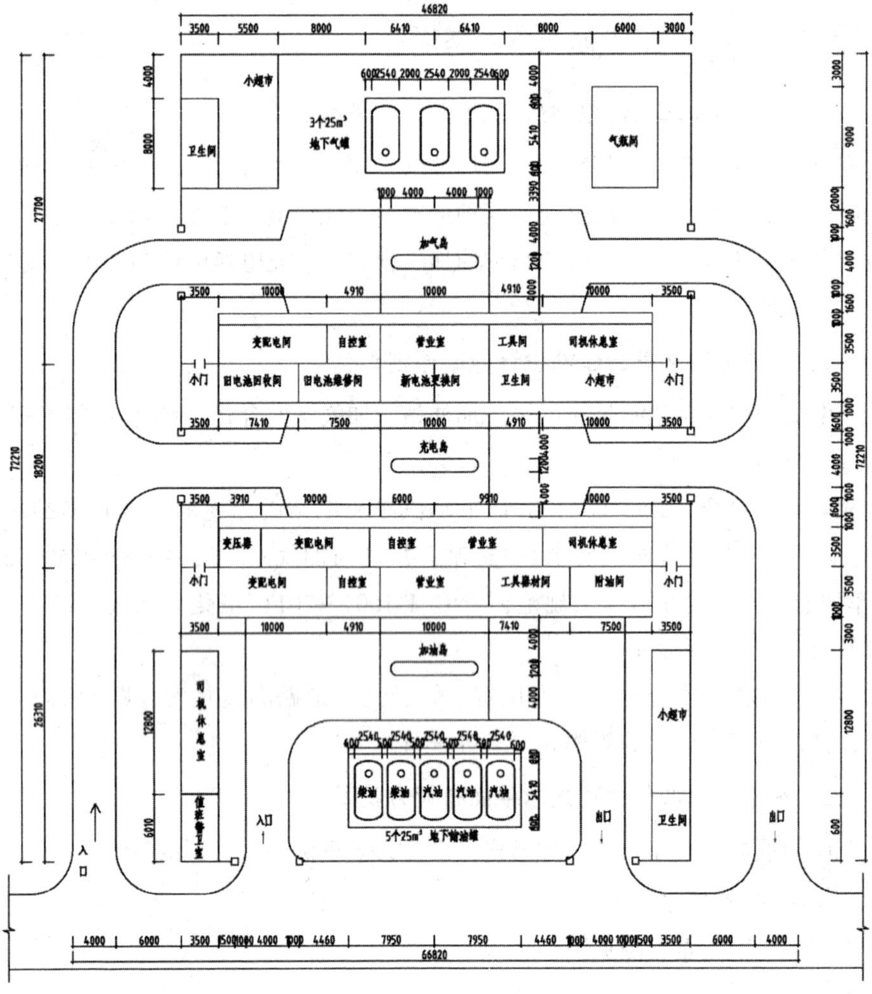

图 7-13　方案一

（4）本方案按新的经营理念，以方便顾客为宗旨，比国内常规站增设了小超市、公共卫生间、司机休息室等公用建筑。

（5）将油罐和气罐集中分两排布置，减少了站内占地面积。且将最危险的气罐集中布置在远离大门的后方，并加栏杆墙与其他场所隔开，提高了站的安全度。

（6）本方案利用外车道将充电换电、加油、加气分成 3 个小院，可分院经营核算，增加了经营管理的灵活性。

2. 总平面布置方案二

方案二，平面布置图见图 7-14。

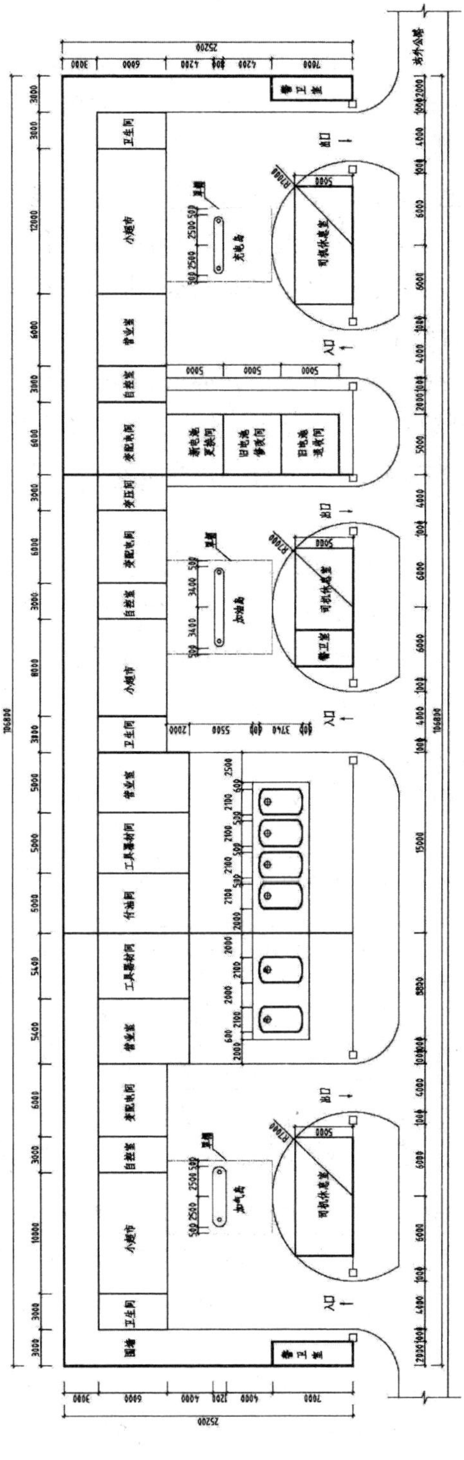
站外公路
警卫室
卫生间
小超市
营业室
自控室
变配电间
变压间
充电岛
加油岛
加气岛
司机休息室
新电池更换间
旧电池修复间
旧电池退役间
工具器材间
付油间
入口
出口
围墙
106800
25200

图7-14　方案二

方案二特点：

（1）本方案是充电、换电池、加油、加气四功能站，占地面积 2691m^2，房屋建筑面积 928.6m^2。充电设一股快速充电车道，换电池设一股车道，加油、加气各设两股车道。

（2）充电、换电池、加油、加气站都是为汽车提供能源的场所，将 4 种功能的站合建，大大减少了单独设站的数量，减少了占地面积，减少了业务用房，节约了投资，减少了管理人员，节约了经营成本，提高了经济效益和社会效益，有条件时应尽量建这种合建站。

（3）本方案显著特点是设 6 个大门，将充电换电与加油、加气三种业务分为 3 个院子，可采取分开独立经营的管理新模式，提高经济效益。

（4）大部业务及公共用房集中相连一条线布置，节省外墙、节省投资、缩短工期，方便管理、使用。

（5）将储罐集中一排布置，节约占地。将这些危险源集中布置，减少了对其他建构筑物的安全影响，从而提高了整个站的安全度。

（6）本方案按新的经营理念，以方便顾客为宗旨，比国内常规站增设了小超市、公共卫生间、司机休息室等公用建筑。

3. 总平面布置方案三

方案三，平面布置图见图 7–15。

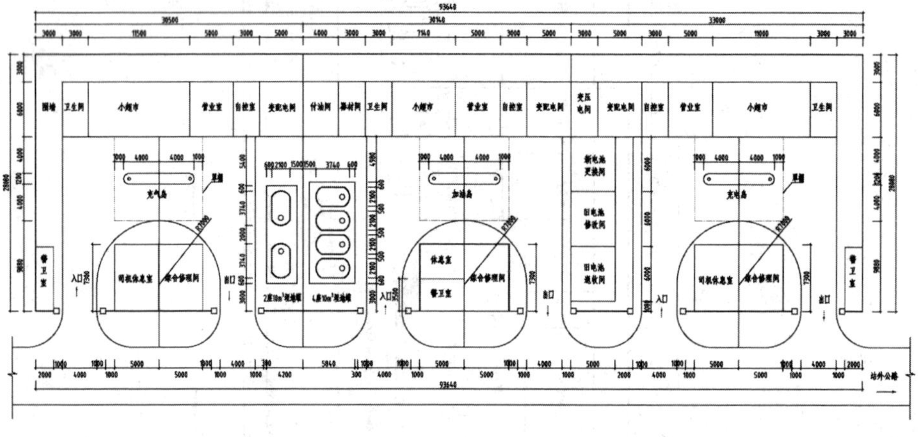

图 7–15　方案三

方案三特点：

（1）本方案是充电、换电池、加油、加气四功能站，占地面积 2629m^2，房屋建筑面积 882m²。充电设一股快速充电车道，换电池设一股车道，加油、加气各设两股车道。

（2）充电、换电池、加油、加气站都是为汽车提供能源的场所，将 4 种功能的站合建，大大减少了单独设站的数量，减少了占地面积，减少了业务用房，节约了投资，减少了管理人员，节约了经营成本，提高了经济效益和社会效益，有条件时应尽量建这种合建站。

（3）本方案显著特点是设 6 个大门，将充电换电与加油、加气三种业务分为 3 个院子，可采取分开独立经营的管理新模式，提高经济效益。

（4）大部业务及公共用房集中相连一条线布置，节省外墙、节省投资、缩短工期，方便管理、使用。

（5）将储罐集中布置，节约占地。将这些危险源集中布置，减少了对其他建构筑物的安全影响，并用墙将气罐与油罐隔开，从而提高了整个站的安全度。

（6）本方案按新的经营理念，以方便顾客为宗旨，比国内常规站增设了小超市、公共卫生间、司机休息室等公用建筑。

（7）本方案与方案二大同小异，两者差别主要是气罐和油罐的布置有所改变，所以造成站占地的长宽比例的改变。

（四）充电加油加气合建站总平面布置方案点评

（1）上述三个方案符合 GB 50156—2012 规范及第 5 章 5.0.7 条“电动汽车充电设施应布置在辅助服务区内”的规定。三个方案都将合建站的 3 个站分隔为 3 个院子，相对更加安全，作业更不相互干扰。

（2）方案二、三平面布置类似，6 个大门都向同一方向开，方案一的 6 个大门向 3 个方向开。其他功能三个方案差不多，建站时可根据实际需要选用。

第八章　电动汽车充电站的组建模式与选址

第一节　充电站的组建模式

汽车充电站组建模式通常可有 4 种：汽车独立充电站、居民小区车库充电站、汽车加油充电合建站和汽车加气充电合建站。

一、电动汽车独立充电站

汽车独立充电站是专为电动汽车充电或更换电池以及相关服务的充电站，站内没有供燃油汽车的油料，也无供燃气汽车的气体，所以来站的车辆均为电动汽车。

这种充电站相对合建站建筑规模可小一点，平面布局可简单一点，占地面积会小一点；一次投资小，经营和维修费用少；业务单纯，管理简单，也相对安全。这种充电站宜建在电动汽车集中或交通枢纽的区域。

二、居民小区车库充电站

居民小区车库充电站是利用居民小区车库安装充电器来为本小区的电动汽车充电的充电站。为保障安全，外部电动汽车不得入内充电，严格来讲其称不上充电站。

为了充电方便，且准确计量用电量，通常一辆电动汽车配一个充电器，按汽车车位安装充电器。有充电器的安装在汽车旁边地坪上，称为充电桩；有的充电器就近挂在墙上。充电器的安装并不影响汽车车位的布置，不会因此而扩大车库面积，所以不会提高车库建筑造价。

充电器是一种较安全的电器，在车库安装后不会影响车库的安全度，不必增加消防器材。

私家的充电汽车通常利用汽车回家入车库后充电，为满足下一次出行后的用电。装有4组标准电池组的电动汽车，每次充电行驶里程可为100km，基本可满足一天的正常用车，通常不必在外进行二次充电，这样就减少了社会上充电站的负担，可见居民小区车库充电站是发展电动汽车商业化较好的辅助途径之一。

三、汽车充电、加油、加气合建站

汽车的动力有的来源于燃油、有的来源于燃气、有的来源于电力，为这些汽车供给能量的场所对应的有加油站、加气站和充电站。目前国内外的汽车仍以加油为多数，加气为少数，充电汽车为极少数。相应的，加油站为多数，加气站为少数，充电站为极少数。随着油、气储量的变化，及油、气对环境的污染和人类对环保要求的提高，新能源汽车(如电动汽车)发展逐渐提到日程，电动汽车充电站的建设逐渐提到日程。

这些不同能源的汽车，其共同点都是为人们出行的一种交通工具，都要行驶在道路上，建站选址的原则基本一致，这是合建站可行性的重要理论基础。合建站是否安全可靠，这是合建站能否建设的首要前提。合建站是否经济合理，这是合建站能否推广优选考虑的重要因素。

第二节　电动汽车充电站站址选择

汽车停车场充电站、居民地下车库充电站以及与加油加气合建站的选址，主要是由停车场、地下车库及合建站的实际情况确定，所以本节主要讲述独立充电站的选址。

一、对充电站站址选择的规定

(一) GB 50966—2014《电动汽车充电站设计规范》中有关规定

(1) 充电站的总体规划应符合城镇规划、环境保护的要求，并应选在交通便利的地方。

(2) 充电站站址宜靠近城市道路，不宜选在城市干道的交叉路口和交通繁忙路段附近。

(3) 充电站站址的选择应与城市中低压配电网的规划和建设密切结合，以满足供电可靠性、电能质量和自动化的要求。

(4) 充电站应满足环境保护和消防安全的要求。充电站的建(构)筑物火灾危险性分类应符合现行国家标准 GB 50229—2019《火力发电厂与变电站设计防火规范》和 GB 50016—2014《建筑设计防火规范》的有关规定。充电站内的充电区和配电室的建(构)筑物与站内外建筑之间的防火间距应符合现行国家标准 GB 50016—2014《建筑设计防火规范》的有关规定，充电站建(构)筑物相应厂房类别划分应符合表 8-1 的规定。

表 8-1 充电站建(构)筑物相应厂房类别划分

序号	充电站建设条件	建(构)筑物厂房类别
1	当采用油浸变压器时	丙类
2	当采用干式变压器时	丁类
3	当采用低压供电时	戊类

注：干式变压器包括 SF6 气体变压器和环氧树脂浇铸变压器等。

(5) 充电站不应靠近有潜在火灾或爆炸危险的地方，当与有爆炸危险的建筑物毗邻时，应符合现行国家标准 GB 50058—2014《爆炸危险环境电力装置设计规范》的有关规定。

(6) 充电站不宜设在多尘或有腐蚀性气体的场所，当无法远离时，不应设在污染源盛行风向的下风侧。

(7) 充电站不应设在有剧烈振动的场所。

(8) 充电站的环境温度应满足为电动汽车动力蓄电池正常充电的要求。

(二) GB/T 29781—2013《电动汽车充电站通用要求》中有关规定

(1) 充电站的总体规划应与当地区域总体规划和城乡规划相协调，并应符合环境保护和防火安全的要求。

(2) 充电站的规划宜充分利用就近的供电、交通、消防、给排水及防排洪等公用设施，并对站区、电源进出线走廊、给排水设施、防排洪设施、进出站道路等进行合理布局、统筹安排。

(3) 城区内的充电站，宜靠近城市道路，不宜选在城市干道的交叉路口和交通繁忙路段附近。

(4) 充电站与党政机关办公楼、中小学校、幼儿园、医院门诊楼和住院楼、大型图书馆、文物古迹、博物馆、大型体育馆、影剧院等重要或人员密集的公共建筑应具有合理的安全距离。

(5) 充电站不应靠近有潜在危险的地方，当与有爆炸或火灾危险的建筑物毗邻时，应符合现行国家标准 GB 50058—2014《爆炸危险环境电力装置设计规范》的有关规定。

（6）充电站不宜设在多尘或有腐蚀性气体的场所，当无法远离时，不应设在污染源盛行风向的下风侧。

（7）充电站不应设在有剧烈振动或高温的场所。

（8）充电站不应设在地势低洼和可能积水的场所。

（9）充电区域应具备一定的通风条件。

（10）某些有可能发生严重潮湿天气的区域，应具有对空气湿度的监测和处理的设备和手段。

二、 充电站选址需要考虑的地理和经济、社会效益因素

（1）从城市规划的角度来看，充电站选址时需要充分考虑城市交通网络布局约束。

（2）从电力网络规划的角度来看，作为中低压配电系统的重要组成部分，充电站的选址应与配电系统的现状、近远期规划、建设与改造等相融合，应尽可能接近负荷中心并满足负荷平衡、电能质量和供电可靠性等方面的要求。

（3）从电动汽车用户的角度来看，充电站站址应选择在充电需求比较集中和方便的场所。

（4）此外，在选择充电站站址时，还必须考虑地段的适应性和地价成本等因素。

第九章　电动汽车充电站附属工程与工程建设

第一节　充电站附属工程

充电站附属设备设施在 GB 50966—2014《电动汽车充电站设计规范》中有明确规定，现将特殊条款摘编如下。

一、充电站建（构）筑物

(1) 充电站内的建筑应按工业建筑标准设计，宜统一型式，做好建筑节能、节地、节水、节材工作。

(2) 建筑物宜单层布置，可由监控室、配电室等功能房间组成。

(3) 充电站内建(构)筑物的耐火等级应符合现行国家标准 GB 50016—2014《建筑设计防火规范》的有关规定，当罩棚顶棚的承重构件为钢结构时，其耐火极限可为 0.25h，顶棚其他部分不得采用可燃烧体建造。

(4) 充电站的建筑物宜与周边环境相协调，体型宜规整，凹凸面不宜过多。

(5) 监控室的设计应符合下列规定：

① 监控室宜单独设置。当组成综合建筑物时，监控室宜设置在地上一层。

② 监控室地面宜采取防静电措施。

二、充电站采暖、通风与空气调节

(1) 充电站的采暖、通风与空气调节设计应符合现行国家标准 GB 50019—2015《工业建筑采暖通风与空气调节设计规范》的有关规定。

(2) 建筑物的房间宜采用自然通风方式，有特殊通风要求的房间可采用机械通风。

(3) 位于采暖区的充电站宜采用分散电采暖方式。当采用电采暖时，应满足房间用途和安全防火的要求。

(4) 房间空调宜采用分体式空调机，空调设备应符合环保和国家能效等级标准的规定。

三、 充电站土建的电气

(1) 充电站的防雷接地、防静电接地、电气设备的工作接地、保护接地及信息系统的接地宜共用接地装置，接地电阻不应大于4Ω。

(2) 充电站内的建(构)筑物应设置防直击雷的装置，并宜采用避雷带(网)作接闪器。当彩钢屋面的金属板厚度不小于0.5mm、搭接长度不小于100mm且紧邻金属板的下方无易燃物品时，彩钢屋面可直接作为接闪器。

(3) 充电站工作场所工作面上的照度标准值不应低于表9-1规定的数值。

表9-1 充电站工作场所工作面上的照度标准值

工作场所		照度/lx		参考平面及其高度
		一般照明	事故照明	
室内	监控室	300	80	高于地面0.75m的水平面
	配电室	200	60	地面
室外	充电区域	100		地面
	主干道	5		地面

(4) 充电站内的照明灯具应选用配光合理、效率高、寿命长的节能灯具。室内开启式灯具的效率不应低于75%，带格栅灯具的效率不应低于60%。

(5) 室内照明宜采用荧光灯。室外照明宜选用金属卤化物灯或高压钠灯。

(6) 室内外照明器的安装位置应便于维修。照明器与带电导体或带电设备间应有足够的安全距离，对工作时有可能损坏灯罩的场所，应采用有保护罩的照明器，金属保护罩应与保护地线可靠连接。

(7) 监控室、配电室宜装设事故应急照明装置。疏散通道应设置疏散照明装置，疏散通道及出入口应设置疏散指示标志灯。

四、 充电站给水与排水

(1) 充电站生活给水和排水的设计应符合现行国家标准GB 50015—2010《建筑给水排水设计规范》的有关规定。

(2) 站区雨水可通过截水沟或雨水口收集后排入市政雨水系统。雨水排水系统宜采用有组织排水方式。当不具备集中排水条件时，站内地面雨水可散流排出站外。

（3）充电站的生活污水宜经化粪池排至市政污水管。当站区污水不满足自然排放要求时，站内宜设置污水处理装置，污水经处理达标后方可排放。

五、充电站消防给水和灭火设施

（一）消防给水

（1）电动汽车充电站内的建筑物满足耐火等级低于二级、体积大于3000m^{3}且火灾危险性为非戊类的，充电站应设置消防给水系统。消防水源应有可靠的保证。

（2）电动汽车充电站消防给水系统的设计应符合现行国家标准GB 50016《建筑设计防火规范》的有关规定，同一时间内的火灾次数应按一次确定。

（二）灭火设施

（1）电动汽车充电站内的建筑物满足下列条件时可不设置室内消火栓：

① 耐火等级为一、二级且可燃物较少的丁、戊类建筑物。

② 耐火等级为三、四级且建筑物体积不超过3000m^{3}的丁类建筑物和建筑物体积不超过5000m^{3}的戊类建筑物。

③ 室内没有生产、生活给水管道，室外消防用水取自储水池且建筑物体积不超过5000m^{3}的建筑物。

（2）电动汽车充电站建筑物灭火器的配置应符合现行国家标准GB 50140—2005《建筑灭火器配置设计规范》的有关规定。室外充电区灭火器的配置应符合下列要求：

① 不考虑插电式混合动力汽车进入时，充电站应按轻危险级配置灭火器。

② 考虑插电式混合动力汽车进入时，充电站应按严重危险级配置灭火器。

六、充电站节能与环保

（一）建筑物、设备及材料节能

（1）在充电站的规划、设计和建设中，应贯彻国家节能政策，合理利用能源。

（2）建筑物宜采用节能环保型建筑材料，不应采用黏土实心砖。设备间宜具有自然通风、自然采光功能。

（3）配电室应采用节能变压器。

（二）噪声控制

（1）充电站噪声对周围环境的影响应符合现行国家标准GB 3096—2008《声

环境质量标准》的有关规定。

（2）充电站噪声应从声源上进行控制，宜优先选用低噪声设备。

第二节　充电站工程建设

一、　充电站工程建设程序

充电站建设的程序与其他工程类似，通常以工程立项→工程设计→工程施工→工程验收→工程交接的程序进行。

（一）工程立项要求

充电站工程立项前，应进行周密调查，分析供需关系，预测经营效果，评估经济效益和社会效益，论证建站的必要性和可行性。

工程立项应由建设单位先申请，并按审批程序和权限逐级上报相应的业务主管部门。对同意建设的工程项目，应以批复文件或下达的正式立项文件为依据。

（二）工程设计要求

（1）工程设计应委托有专门行业资质的设计单位进行设计。大型充电站或技术难度大的充电站设计，应进行设计招投标，择优选用设计单位。

（2）工程设计应按方案设计和施工图设计两个阶段进行。大型或配置复杂的充电站宜按方案设计、初步设计、施工设计三个阶段进行。

（三）工程施工要求

（1）对施工单位的选择，建设单位应根据充电站建设所涉及的项目内容，对申请承接施工的单位，应按国家招标投标法的有关规定，并结合工程报价等进行综合评估或招标，择优选定施工单位。

（2）开工前，建设单位应招集设计、施工、监理及质检等单位直接参与工程建设的人员进行施工图交底。对需要明确和修改的技术内容，设计单位应以洽商、变更、补充或修改设计的文件方式加以确定，并形成技术交底会议纪要。

（3）施工单位不得私自复制工程设计文件，如需复制，必须经过建设单位批准，并办理文件移交手续，工程完工后由建设单位按规定统一收回。

（4）建设单位应指派专人对工程项目实施全过程管理，与监理单位密切配合，保证工程质量。

（四）工程竣工验收要求

（1）应在建设单位对总体施工质量进行初验合格，并具备竣工验收条件的基础上进行。

（2）应由上级业务主管部门主持，建设单位具体实施，设计、质检、监理、施工等有关部门参加。

（3）应以工程建设的各审批文件、设计文件和现行国家标准为验收依据。

（4）应对现场土建、安装、防腐、电气仪表工程及施工技术资料等全面核查和评议。

（5）对竣工验收中提出的质量问题等，建设单位、施工单位应指定专人做好记录和汇总，并对施工单位提出限定整改完成时间。

（6）应对工程建设做出客观的评价，并以验收会议纪要或竣工验收书的文件形式作为工程竣工验收的结论。

（五）工程移交要求

（1）工程移交应在竣工验收中提出的整改内容全部完成，并经复检合格后进行。

（2）施工单位应向建设单位移交全部工程建设图纸和施工资料，并办理工程交接手续。

（3）建设单位应将所有与工程有关的文件、技术资料整理归档。

二、 充电站构筑物的设计要点

（一）罩棚的设计要点

（1）充电岛及车道宜设罩棚。罩棚应用不燃烧材料建造。

（2）罩棚以下的有效高度：在进站口无限高措施时，罩棚的净空高度不应小于4.5m；在进站口有限高措施时，罩棚的净空高度不应小于限高高度。

（3）罩棚设计应考虑活荷载、雪荷载、风荷载，其设计标准值应符合现行国家标准GB 50009—2012《建筑结构荷载规范》的有关规定。

（4）罩棚的抗震设计应按现行国家标准GB 50011—2010《建筑抗震设计规范》的有关规定执行。

（二）充电岛的设计要点

（1）充电岛应高出停车位的地坪0.15~0.2m。

（2）充电岛的宽度不应小于1.2m。

（3）充电岛上的罩棚支柱边缘距岛端部的距离不应小于0.6m。

（三）场坪、道路的设计要点

（1）站内道路及停车场地宜采用混凝土材料建造，其厚度应根据承载经计算确定。

（2）站内作业区的停车位和道路不应采用沥青路面。

（3）站内车辆的出口与进口应分开设置。车辆进出口道路的坡度不应大于8%，且宜坡向站外，站内停车位应平坡设计。

（4）站内车道或停车位宽度应按车辆类型确定。单车道或单车停车位宽度不应小于4m，双车道或双车停车位不应小于6m。

（5）站内的道路转弯半径应按行驶车型确定，且不宜小于9m。

（四）站内绿化要求

（1）站内绿化不应妨碍站内的消防操作。

（2）站内绿化应与美化相结合，并应与站内建筑物相协调。

三、 充电站建（构）筑物标高设计要点

（1）合理利用地形、地势，尽量减少土石方的开挖和回填，力求两者趋于平衡，一般挖方应稍多于填方。

（2）保证场地、道路及其他地面雨水迅速排放，场地平整应有3‰~5‰的坡度。一般罩棚下的场地标高应比周围场地高一点，站内道路标高应比站外地坪高一点。

（3）为使建筑物内干燥、不进水，各建筑物室内地坪最好高出最高地下水位0.3~0.5m，且室内地坪比室外高0.2m。充电岛面标高比周围场地标高应高0.2m。

第十章　电动汽车充电站的管理

第一节　充电站的基本任务和总体要求

一、充电站的基本任务

(1) 为电动汽车充电或换电池和技术支持。

(2) 正确管理和使用充电机、充电桩、蓄电池、消防报警以及充电站附属设备设施等，使之随时保持良好的技术状态。

(3) 做好安全工作，严防事故发生。

(4) 充分利用有利条件，积极开展为车辆服务和便民服务项目，努力提高社会效益和经济效益。

(5) 搞好本站人员管理教育，全面提高人员素质。

二、充电站的总体要求

(1) 各站应当以供应保障为中心，以安全管理为重点，以提高社会效益和经济效益为目的，努力做好各项工作，圆满完成各项任务。

(2) 积极开展以“优质服务、优良管理”为主要内容的活动，推动本站工作全面进步。

(3) 各站工作人员应当热爱本职、精通业务、遵纪守法、廉洁奉公，努力完成各项工作任务。

第二节 充电站的服务质量要求

一、 基本服务质量要求

（一）外表形象要求

（1）统一着装。员工上岗期间应统一着工作装，着装应整洁、无污渍、无破损。不得卷起袖口、裤腿，不得穿拖鞋、高跟鞋。换季时，站内员工着装仍应保持统一。

（2）仪表端庄，服饰整洁，饰物适当。

（3）站姿正直平稳，眼神自然，精神饱满，落落大方。

（4）坐姿端正，不得前俯后仰、东倒西歪、摇腿翘脚。

（5）引导车辆动作规范，不得单手、单指指点顾客。

（二）服务用语要求

（1）迎送、接待顾客时，应使用文明用语。

（2）用语准确，称呼恰当，问候亲切，语气诚恳。

（3）严禁使用不负责任的、歧视性、污辱性语言，杜绝服务忌语。

（三）服务态度要求

（1）热情主动、微笑服务，态度谦和、尊敬顾客。

（2）顾客有困难，热心帮助；顾客有疑问，细心解答；顾客有意见，专心听取；顾客有误会，耐心解释。

（3）对待顾客，一视同仁。

（4）顾客有不安全行为，及时礼貌劝阻。

（四）劳动纪律要求

（1）按时上下班，不得旷工。

（2）服从领导，听从指挥。

（3）在岗期间不得串岗、脱岗、睡岗，不得私自会客，不得做与工作无关的事情。

（4）严格遵守各项规章制度，按操作规程作业。

（5）严禁在站内吸烟，严禁岗前或在岗饮酒。

二、现场服务质量要求

（一）顾客至上，礼貌热情

（1）熟记顾客信息，并正确地称呼和问候顾客。

（2）保持真诚友善的服务态度，善于聆听，注重承诺，努力赢得顾客的信任。

（3）随时关注对方的感受，尽量用顾客熟悉的语言交流，并注意语速、语调和语气，拉近与顾客的距离。

（4）遇到有异议的顾客，应冷静处理，理解对方的处境，明确对方的意图，不得与顾客发生争执。

（二）努力便民服务

（1）各站应根据实际情况，设置便利店、司机休息室、小药箱、汽车加水、汽车洗刷、天气及路线提示、风景区咨询等服务项目。

（2）提供饮水设施，免费为顾客供应饮用水。

（3）站内厕所对外开放。

（4）根据各站所处地理位置、客户类型，可适当提供特色服务。

（三）提高服务效率

（1）车辆到位后，在无特殊情况下，顾客等候服务时间一般不得超过3min。

（2）开票、收款快速、准确、无差错，时间一般不得超过6min。

（3）每班工作交接，中断作业时间一般不得超过9min。

三、充电站人员素质要求

（一）充电员的素质要求

充电员的素质要求见表10-1。

表10-1　充电员的素质要求

应　　知	应　　会
（1）充电员的工作职责。 （2）给电动汽车充电的方法及要求。 （3）准确读取充电数字、记账并收费。 （4）准确收取充电费用。 （5）知用电的常识。 （6）知消防器材常识	（1）会给电动汽车充电。 （2）能准确读取充电数字、记账并收费。 （3）能准确收取充电费用。 （4）会用消防器材灭火

（二）更换电池员的素质要求

更换电池员的素质要求见表10-2。

表10-2 更换电池员的素质要求

应知	应会
（1）更换电池员的工作职责。 （2）能将电动汽车上的旧蓄电池更换成新蓄电池。 （3）对更换蓄电池的数量准确统计、记账、报表、收费。 （4）知蓄电池的常识。 （5）有对搬运机械使用、维护的知识。 （6）知消防器材常识	（1）熟练掌握更换蓄电池的技能。 （2）会准确统计、记账、报表、收费。 （3）掌握蓄电池的型号、规格、性能、用途。 （4）会使用、维护搬运机械。 （5）会用消防器材灭火

（三）蓄电池检修工的素质要求

蓄电池检修工的素质要求见表10-3。

表10-3 蓄电池检修工的素质要求

应知	应会
（1）蓄电池检修工的工作职责。 （2）蓄电池的常识。 （3）有对搬运机械使用、维护的知识。 （4）知消防器材常识	（1）熟练掌握检修蓄电池的技能。 （2）掌握蓄电池的型号、规格、性能、用途。 （3）会使用、维护搬运机械。 （4）会用消防器材灭火

（四）蓄电池库房保管员的素质要求

蓄电池库房保管员的素质要求见表10-4。

表10-4 蓄电池库房保管员的素质要求

应知	应会
（1）蓄电池库房保管员的工作职责。 （2）知蓄电池的常识。 （3）有对搬运机械使用、维护的知识。 （4）知消防器材常识	（1）有正确保管蓄电池的技能。 （2）掌握蓄电池的型号、规格、性能、用途。会记蓄电池账。 （3）会使用、维护搬运机械。 （4）会用消防器材灭火

（五）小超市经理的素质要求

小超市经理是指对小超市全面负责的人员，其素质要求见表10-5。

表 10-5　小超市经理的素质要求

应　知	应　会
(1)小超市经理的工作职责。 (2)市场经营和顾客消费心理常识。 (3)日用消费品的保管常识。 (4)社会、经济效益评估。 (5)管人用人规则	(1)经营管理小超市。 (2)指导整齐摆放货物。 (3)指导正确保管货物。 (4)调动人员的积极性。 (5)检查记账的正确性

(六) 小超市售货员的素质要求

小超市售货员是指销售小超市货物的人员，其素质要求见表 10-6。

表 10-6　小超市售货员的素质要求

应　知	应　会
(1)小超市售货员的工作职责。 (2)市场经营和顾客消费心理常识。 (3)日用消费品的保管常识。 (4)消防器材常识	(1)热情待客，公平售货，准确收钱。 (2)整齐摆放货物。 (3)正确保管货物。 (4)会用消防器材

四、 充电站人员职责

(一) 充电站站长职责

(1) 负责站内全面工作，圆满完成充电站承担的全部任务。

(2) 负责贯彻上级主管部门交给的各项任务。

(3) 认真贯彻国家与行业的规范、标准及本站制定的规章制度。

(4) 落实岗位责任制和安全生产责任制，提高效益，确保安全。

(5) 负责培训本站人员工作技能，提高人员全面素质。

(6) 协调上下左右关系，维护站内外团结和谐。

(7) 负责站内系统与设备的报废、更新、升级、补缺、扩容。

(8) 关心站内建设，当好站点扩建或改建的参谋。

(二) 电池故障诊断员职责

(1) 正确使用故障诊断仪表，准确诊断电池故障。

(2) 按有无故障对电池分类，并协助运到各自的位置。

(3) 定期维护诊断仪表，使其经常处于良好状态，不影响任务完成。

(三) 电池维修员职责

(1) 树立勤俭节约思想，能维修的故障电池尽力维修，提高电池使用寿命。

（2）正确使用电池维修的机械、工具，正确维修电池。

（3）待修的电池与修好的电池清楚分类，并及时将修好的电池运至电池存放库房。

（4）爱护电池维修的机械、工具，定期维护保养，使其处于良好状态。

（四）充电操作员职责

（1）引导来充电的车辆按行车路线行驶、就位，节省时间，保证安全。

（2）按操作规程正确操作充电机（桩），圆满完成充电任务。

（3）定期维护充电机（桩），使其经常处于良好状态。

（五）更换电池机械手职责

（1）按操作规程正确操作更换电池机械，圆满完成换电池任务。

（2）定期维护更换电池机械，使其经常处于良好状态。

（3）发现机械故障及时排除，保证机械正常工作，不影响任务完成。

（4）自己不能排除的机械故障，及时请专业人员修理。机械达到报废，或需购置更新机械，应及时报告。

（六）电池库房保管员职责

（1）充分利用库房面积与空间，合理摆放库存电池，便于搬运。

（2）正确使用搬运机械，防止损伤电池及伤人。

（3）库存电池的名称、型号、规格、存放日期、修理日期等应标记清楚。

（4）及时统计登记，准确按物记账，做到账、物、卡应相符。

（5）根据电池存放保管技术要求，调节库房内温、湿度、环境及通风气流方向。

（6）及时清除库内废物，保持库内干净整洁。

（七）财会人员职责

（1）认真记好财务账。

（2）做好本年经费决算和下年经费预算。

（3）认真贯彻上级财务政策与财务管理制度，协助领导管好本站经费，提高经济效益。

（八）便利店营业员职责

（1）树立为客户服务的思想，经营客户所需的商品，态度和蔼，合理定价，公平交易。

（2）负责向顾客介绍商品，引导消费。

（3）负责商品日常管理，保持商品充裕、整洁，确保商品在保质期内销售。

（4）负责便利店商品进、销、存、登、统工作，及时上报有关报表，做到财务统计日清月结，账账相符、账物相符。

（5）负责便利店清洁卫生工作，保持超市良好环境、空气新鲜、干净整洁。

第三节　充电站运行管理与生产作业

一、充电站运行应具备的条件

（一）站内工程全部竣工

各站工程包括土建及辅助工程、供配电安装工程、自控系统工程、供配电线路工程及附属工程等。这些工程全部竣工，是工程检查验收的前提条件，现分述如下。

1. 土建及辅助工程

土建工程通常有值班营业室、中央监控室、变配电室、工具器材间、更换电池室、电池维修间、电池存放库及充电棚架等建筑工程。

辅助工程通常有站内外道路、生产区域的场地平整、防洪排水、挡墙护坡等。

这些工程全部完成，建筑材料、施工器具、建筑垃圾等已经清除。

2. 工艺设备安装工程

充电站的电源、变电、配电、动力、照明、充电、二次设备、电池存放间和更换间的搬运设备、电池修理间的修理设备以及相应的辅助设施均已安装完成，调试合格且调试记录齐全。

3. 自控系统工程

设备操作自控系统、计费自控系统、安防系统、火灾报警系统等已安装完成，调试合格且调试记录齐全。

4. 供配电线路工程

（1）输电线路施工已经完成，线路保护装置的安装、调试、试验符合要求。

（2）线路上的障碍物与施工临时装设的接地线已全部拆除。

（3）经确认，在线路上施工的工作人员已全部离开工作现场，危及人身安全的一切作业已经停止。

5. 附属工程

办公、生活建筑，消防、上下水、采暖、通风等附属工程已按设计要求完成施工。

（二）工程竣工后，经质量检查验收

（1）工程质量检查验收应以认真负责的态度，贯穿在工程建设的全过程。施工过程中应进行自检、互检、小组检；工程完成后应进行竣工验收。

（2）工程竣工验收应由设计、施工、质检、使用等单位组成验收组，并按商定的验收程序进行验收。

（3）工程验收不合格项目或缺项目须限期整改、补缺，并经再验收合格。

（4）工程质量检查验收应有详细记录，竣工验收应办正式手续，工程质量监督机构应出具工程质量认可文件。

（三）站的运营准备完毕，并通过审批

（1）具备生产运行人员必需的生活福利设施。

（2）生产运行人员已配齐，经培训考试合格，并持有相关岗位的相应资质。

（3）运行所需要的规章制度、系统图表、记录表格、安全用具等准备到位，运行的设备已有命名和编号。

（4）运行必备的备品备件、工具及有关标示牌已备齐。

（5）各区域划分界限及区域名称标牌和带电区域已有明显标志。

（四）充电站专业运行条件检查验收的重点和要求

1. 对蓄电池的专业交接验收

（1）蓄电池选型、数量符合设计要求。

（2）蓄电池的质量符合相关技术标准规定。

（3）蓄电池外观无裂纹、无变形、无漏液。

（4）蓄电池极性标识正确。组柜安装的蓄电池排列整齐，标识清晰、正确。

（5）蓄电池应排列整齐，编号按正极顺序排列正确、清晰、齐全。蓄电池与蓄电池间距不小于15mm，蓄电池与上板间距不小于150mm。

（6）蓄电池连接条及蓄电池极柱接线应正确，螺栓紧固。

（7）蓄电池呼吸装置完好，通气正常。

（8）蓄电池引出的电缆应使用阻燃电缆。

2. 对充电整流柜的专业交接验收

（1）充电整流柜选型、数量符合设计要求。

（2）充电整流柜的质量符合相关技术标准规定。

（3）充电整流柜柜体安装应整齐、固定可靠，框架无变形。充电整流柜的固定及接地应可靠，门与柜体之间经截面积不小于6mm^2的裸体软导线可靠连接，接地应符合安全规定。外表防腐涂层应完好，设备清洁整齐。

（4）电缆进出线排列布局整齐，二次接线应正确，连接可靠，标志齐全、清晰，绝缘符合要求。

（5）充电整流柜内所装电器元件应齐全完好，安装位置正确、固定牢固。柜内的液晶显示器应完好，无裂纹，显示正常。柜内的风扇电动机运行应正常，无异常噪声。

（6）屏柜安装符合要求，屏柜安装在土建预埋基础槽钢上，埋设的基础型钢应良好接地，且接地不少于两处。

（7）遥控、遥测功能可靠，并能及时在后台监控机上显示。对输入、输出信号等进行模拟操作，各项功能符合设计及产品规范要求。

（8）整流模块编号正确，粘贴牢固。

（9）工作记录填写清楚正确，试验数据符合规定，并有安装、试验人员的明确结论。

3. 对直流充电桩的专业交接验收

（1）直流充电桩的选型、数量应符合设计要求。

（2）直流充电桩的质量应符合相关技术标准规定。

（3）直流充电桩的接地应符合设计及规范要求。

（4）对输入、输出信号等进行模拟操作，各项功能应符合设计及产品规范要求。

（5）直流充电桩的充电插头应完好，插头内无杂物，插芯无变形。充电桩的表面及箱内应清洁干燥。充电插头与电动汽车车辆插孔连接正常，通过充电连接器与电动汽车能建立电路和通信的联系，并能可靠读取信息。

（6）直流充电桩的液晶显示器完好，无裂纹，显示正常。

（7）直流充电桩安装应平稳、牢固、整齐。

（8）直流充电桩的编号应正确，粘贴整齐牢固。

4. 对交流充电桩的专业交接验收

（1）交流充电桩的选型、数量应符合设计要求。

（2）交流充电桩的质量应符合相关技术标准规定。

（3）交流充电桩的接地应符合设计及规范要求。

(4) 对输入、输出信号等进行模拟操作，各项功能应符合设计及产品规范要求。

(5) 交流充电桩的充电插头应完好，插头内无杂物，插芯无变形。插头与电动汽车车辆插孔连接正常，通过充电连接器与电动汽车能建立电路和通信的联系，并能可靠读取信息。

(6) 交流充电桩的液晶显示器完好，无裂纹，显示正常。

(7) 交流充电桩应平稳、牢固、整齐。充电桩的表面及箱内应清洁干燥。

(8) 交流充电桩的编号应正确，粘贴整齐牢固。

(五) 通用系统运行条件检查验收的重点和要求

1. 对监控系统的专业交接验收

(1) 监控系统设备选型、数量应符合设计要求。

(2) 监控系统的质量应符合相关技术标准规定。

(3) 遥控、遥测功能可靠，并能及时在后台监控机上显示。后台监控系统各功能使用正常、可靠。

(4) 配电监控、充电监控和视频监视系统能可靠运行，监控数据和图像满足设计要求。

(5) 系统的接线图及设备的双重编号应完整正确。

(6) 监控数据显示正常，并与实际相符。

2. 对安防系统的专业交接验收

(1) 安防系统设备选型、数量应符合设计要求。

(2) 安防系统的质量应符合相关技术标准规定。

(3) 安防柜内所装电器元件应齐全完好，安装位置正确，固定牢固。安防柜体安装应整齐、固定可靠，框架无变形。安防柜的固定及接地应可靠，门与柜体之间经截面积不小于 $6mm^2$ 的裸体软导线可靠连接，接地应符合安全规定。外表防腐涂层应完好、设备清洁整齐。

(4) 屏柜安装符合要求，屏柜安装在土建预埋基础槽钢上，埋设的基础型钢应良好接地，且接地不少于两处。

(5) 后台机操作灵敏、可靠，各报警信号能及时发出。

(6) 各摄像头无损伤，安装位置符合监控要求，运行良好，视频画面清晰。

(7) 门禁系统功能可靠。

(8) 电缆进出线排列布局整齐，二次接线应正确，连接可靠，标志齐全、清晰，绝缘符合要求。

3. 对计量计费系统的专业交接验收

（1）计量计费系统设备选型、数量应符合设计要求。计量计费系统的质量应符合相关技术标准规定。计费系统能可靠运行，并能与网内计费系统可靠连接。

（2）电能计量表计的准确度等级，以及电压互感器、电流互感器的精确度等级选择正确。电能计量表计的安装位置选择正确。

（3）贸易结算用电能计量器具已经具有资质的计量检定机构校验，并出具检定证书。

（4）柜内所装电器元件应齐全完好，安装位置正确、固定牢固。柜体安装应整齐、固定可靠，框架无变形。

（5）屏柜安装符合要求，屏柜安装在土建预埋基础槽钢上，埋设的基础型钢应良好接地，且接地不少于两处。

（6）电压回路接线正确，无短路、无松动。电流回路接线正确，无开路、无松动。

（7）电缆进出线排列布局整齐，二次接线应正确，连接可靠，标志齐全、清晰，绝缘符合要求。

（8）工作记录填写清楚正确，试验数据符合规定，并有安装、试验人员的明确结论。

二、 充电站运行资质认定和稽查监理

（一）充电站运行资质认定

1. 充电站运行资质认定申报

凡符合行业规定运行条件的充电站，应当填写《充电站运行许可审批表》，经本单位领导审核后，按照建制逐级上报审批。

2. 充电站运行资质认定审核

充电站主管部门应当依据运行资质认定条件和申报材料，组织资质审核小组对所属站进行现场查验审核，签署审核意见，并正式签发《充电站运行许可证》。

3. 充电站运行资质认定管理

充电站投入运行后，应纳入本部门的统一管理，否则不得投入运行。

审核认定的资质在规定期内有效，期满后必须重新申报审核认定。

（二）充电站运行的稽查监理

1. 稽查监理规定

充电站主管部门必须建立本站稽查监理制度。充电站的稽查监理，由各级管

理部门组织有关人员组成监理小组，进行定期检查。充电站的上一级，每年对所属站的运行状况至少组织一次检查。

2. 稽查监理内容

(1) 本站各项任务完成情况。

(2) 优质服务、优良管理情况和规章制度执行情况。

(3) 员工到位和工作称职情况。

(4)《充电站运行许可证》办理情况及其有效性。

(5) 设备设施运行状况和安全管理情况。

(6) 登记统计和档案资料管理情况。

(7) 其他有关情况。

3. 稽查监理结果处理

充电站主管部门对管理不善、违规违纪以及存在安全隐患的站，应当及时发出《安全整改通知书》，责令其限期整改；对存在重大安全隐患的站，吊销运行许可证。

三、 充电站运行管理制度

(一) 充电站入站须知

(1) 充电站是危险重地，无关人员免进。

(2) 办事、参观人员进站应事先联系，经站领导批准并办理进站手续。

(3) 进站人员及车辆不得带易燃、易爆物品。

(4) 进站充电车辆，须按顺序排队，按站内规定流程办理手续，在站内人员引导下到达指定车位等待作业。

(5) 入站人员须听从站内指挥，应在划定范围、限定时间内活动。

(6) 入站内只去超市购物或上卫生间的人员，不得去站内生产区闲逛。

(二) 充电站每天作业要求

(1) 充电站每天工作前，应做好安全检查和作业前的如下准备工作：

① 检查消防器材技术状态是否良好，并放在规定的位置上。

② 清除作业现场和设备设施上的灰尘。检查各接线有无松动。

③ 清点库房内电池存量，并将存量记录。

④ 按规定开电源开关。检查确认完好后，开启通道大门，方可开始营业。

(2) 作业过程中，作业人员不得离开现场，及时办理登记手续和收交票证。

(3) 每天作业结束后，应拉开电源开关，清点库房内电池存量，并填写记录。检查各种设备、设施有无异常，确认无误后，方可结束工作。

（三）充电站运营总则

（1）牢固树立“全心全意为用户服务、用户至上”的思想，把为用户服好务作为工作的最高准则。

（2）履行岗位责任制，按岗定人，职责清楚，奖惩分明。

（3）认真贯彻“安全第一、预防为主、综合治理”的方针。落实安全生产责任制，确保人身和设备安全。

（4）严格执行站内的规章制度，按章作业，一丝不苟，提高效率，杜绝差错。

（5）按时对本站设备进行巡视检查，发现站内设备有缺陷、异常、事故时应及时汇报。

（6）做好站内的工器具、仪表、易消耗品等材料的管理。

（7）做好站内安全保卫、保密和站内防汛、防火、防盗等工作。

（8）搞好现场清洁卫生，保持站内良好环境。

（9）严格执行交接班制度，做好各项作业记录。

（四）充电站管理规则

（1）充电站运营前须由上级主管部门正式批准，取得运营资质后才能运营。

（2）首次运营应做出运营方案，由站负责人到现场组织指挥。

（3）监控用的计算机不得做与监控工作无关的事情。

（4）未经批准，不得在监控中心的设备上编写、修改、更换各类软件系统及更改设备参数配置。

（5）软件系统的维护、增删、配置的更改，硬件设备的添加、更换，必须经主管人书面批准后方可进行；并应详细登记和记录，对各类软件、现场资料、档案要整理存档。

（6）在设备检修及电试过程中，按《国家电网公司电力安全工作规程（变电部分）》的规定落实各类安全措施。

（7）做好日常设备检查及维护保养，确保设备安全运行，每月填写“充电站运行管理月报表”。

（8）建立充电站管理台账，有序管理好设备样本、图纸及其他技术资料。

（9）站长应定期或不定期对制度执行情况进行检查，督促各项制度的落实。

（五）充电站安全规则

充电站安全规则主要是对来站的司机和外来人员的提示，可悬挂或树立在充电站入口醒目位置。内容如下：

(1) 来站车辆必须带齐有关证件，凭票、证充电。

(2) 站内严禁烟火，禁止携带易燃、易爆物品进站充电。

(3) 禁止无关人员入站。

(4) 车辆充电必须按顺序停靠在规定的位置。

(5) 未经允许，不得动用站内的各种设备、设施、工具和消防器材。

(6) 保持站内场地清洁，禁止随地吐痰、抛弃废物。

四、 充电站主要生产作业

(一) 充电机(桩)给电动汽车充电作业

(1) 电动汽车入站充电，首先应办充电手续，登记车主姓名、汽车牌号、入站时间。

(2) 站内充电员带车到充电位置，车停稳后即行充电。

(3) 充电结束后，充电员与车主共同确认充电数量并签字，或直接结账收费。

(4) 确认充电数量并签字或直接结账收费后，车辆应尽快离站。

(二) 电动汽车更换蓄电池作业

(1) 电动汽车入站更换电池，首先应办更换电池手续，登记车主姓名、汽车牌号、入站时间。

(2) 站内更换电池员带车到蓄电池更换库门口，车停稳后拆下旧电池，登记旧电池的型号、规格、数量，并将旧电池运至旧电池货架或直接运到蓄电池修理间，同时将同型号、同规格、同数量的新电池运来装在汽车上。

(3) 换电池结束后，更换电池员与车主共同确认换电池数量并签字，或直接结账收费。

(4) 确认换电池数量并签字或直接结账收费后，车辆应尽快离站。

(三) 旧蓄电池修理作业

(1) 对旧蓄电池进行检查测试，确定其剩余电量及损坏程度。

(2) 对旧蓄电池进行修理。

(3) 检测修好后的蓄电池的性能参数，使之达到规定指标，达标者贴合格标签。

(4) 将检修合格的蓄电池运至存放架位，并记录检修日期和检修人。

(5) 每天完成修理作业后，应清理修理现场，将修理设备、工具放回原位。

(6) 统计员统计当天修理蓄电池的总数，并登记在册。

第四节 充电站设备设施管理与使用

一、充电站设备的维护范围

(1) 本站所有高压变电、配电设备及所属监控系统、继电保护和自动装置。

(2) 充电机、交流充电桩、直流充电桩等充电设备。

(3) 充电计费系统设备。

(4) 消防、安防、防汛、通信、报警等设备。

(5) 房屋建筑动力、照明等电气设备。

(6) 搬运、吊装机械设备。

二、充电站设备管理规则

(1) 站内设备不得随意拆卸，固定设备不得随意移动位置。

(2) 站内设备应定期维护保养，使其处于良好技术状态。

(3) 站内专用设备要由专业人员维修，非专业人员不得维修。

(4) 站内专用设备要由培训合格的人操作使用，其他人不得随意乱动。

(5) 站内专用设备应按其操作规程操作，不得违规操作。

(6) 站内专用设备应在其要求的特定环境中保存或使用。

(7) 站内设备应保持清洁。

三、充电站设备操作管理

(1) 操作人员未经允许不得随意代班、调班，当班时不得擅自脱岗。

(2) 非操作人员不得随意操作站内的一切仪表、设备等。

(3) 严格按照设备操作流程进行操作，不得盲目操作。

(4) 对新上的业务及特殊情况需要变更流程的，应事先做好方案，并经负责人批准签字后方可执行；所有操作变更必须有存档记录。

(5) 值班员必须密切监视设备运行状况，以确保安全、高效运行。

(6) 值班员必须认真、如实、详细填写监控日志，以备后查。

(7) 在岗工作时严禁看报纸杂志、听收音机、打私人电话等与其工作无关的事情。

（8）保持环境整洁，每周进行一次大清扫。

四、 充电站设备维护管理

（一）设备维护的基本要求

（1）设备的一般维护，通常应由操作人员承担。检修、测试等专业性强的维护，应请专业人员进行。

（2）应根据站内情况制订设备维护计划，设备维护计划分年度维护计划和定期维护计划。制订设备维护计划要具体、全面、有针对性。

（3）设备操作人员必须按照设备维护计划进行设备维护，并做好记录。

（4）维护过程中发现问题应及时处理。

（二）设备的定期维护

（1）高压变电、配电设备、监控系统、继电保护和自动装置。

（2）直流电源系统、充电机、交/直流充电桩等的维护。

（3）充电计费设施的维护与检查。

（4）电缆层的定期清扫及防小动物措施的检查。

（5）消防、安防、防汛、通信、报警等设备检查维护。

（6）房屋建筑动力和照明电气设备的检查及更换。

（7）搬运、吊装机械及各种机械锁的加油润滑。

（8）安全用具和仪表的检查及试验。

（9）备品备件的检查与试验。

（10）设备标志的检查及完善。

（11）站内给水、排水设施的检查维护。

（12）新设备投入运行需要增加维护项目时，要及时增补定期维护计划。

（三）设备的年度维护

（1）设备除定期维护项目外，应结合本站的设备情况、环境、气候、运行规律等制订年度维护计划。年度维护计划可按全年月份进行编排。

（2）年度设备维护计划至少应有以下内容：

① 每年应对设备进行一次安全大检查，发现安全隐患须及时排除。

② 汛期前应全面检查站内防汛设施及设备完好性，确保站内汛期安全。

③ 秋、冬季前应全面检查防火设备设施，确保设备设施防火效能良好。

④ 冬季前应检查设备的保温装置，并在气温下降时投入保温装置。冬季应做好室外设备的防冻工作，如给水管包扎保温层等。

⑤ 雷雨季到来之前，应检查防雷、防静电设施的完好性。

⑥ 高温季前做好空调设备的检查维修工作。

⑦ 按季节做好设备评级工作。

第五节　充电站各场所的管理

一、业务室管理规则

（1）业务室负责处理站内各种业务，上班时间不得无人值班。

（2）业务室内应分为行政、业务、财务等工作，正常情况各负其责，特殊情况下应有人代管，任何情况不得无人管理。

（3）值班员要尽职尽责，不得私自离岗。

（4）业务员应按站内规定着装，体现站的良好形象。

（5）业务员要热情接待来客，认真处理来客所办业务。

（6）业务员应按站内规定的工作流程办事，提高工作效率，尽量让来客满意。

（7）业务室内按规定摆放办公桌椅，不得摆放与办公无关的物品，墙上只挂业务室管理规则，不得张贴广告等无关图文。

（8）室内不得大声说话，不得找人闲聊，保持安静文明的室内环境。

（9）经常保持室内外清洁，做到无尘土、油污和易燃物。

二、值班（警卫）室管理规则

（1）值班(警卫)室每天 24h 内不得间断人员值班。

（2）值班(警卫)员要尽职尽责，不得私自离岗。

（3）值班(警卫)员的职责主要是接听处理室内电话，看守管理站内大门，来客登记。

（4）值班(警卫)员上班时间不得找人闲聊，值班(警卫)室内闲人免进。

（5）值班(警卫)室内按规定摆放办公桌椅，不得摆放与办公无关的物品，墙上只挂值班(警卫)室管理规则，不得张贴广告等无关图文。

（6）经常保持室内外清洁。

三、 蓄电池储存间管理规则

(1) 蓄电池储存间要由专人负责，无关人员不得入内，外人出入应有登记。

(2) 蓄电池储存间内货架应摆放整齐、稳固；货架间应留有人行和车行通道；货架应编架号、层号、位号。

(3) 储存间内蓄电池的规格、数量、存放时间、存放架号、层号、位号等应建账、立卡片，账、卡、实物应相符。

(4) 蓄电池的摆放或移动要小心，防止损坏气瓶或伤人。

(5) 储存的蓄电池应定期检查性能情况，不符合要求的应及时采取措施。

(6) 经常保持室内外清洁，做到无尘土、油污和易燃物。

四、 蓄电池更换间管理规则

(1) 蓄电池更换间要由专人负责，无关人员不得入内。

(2) 蓄电池更换间内货架应摆放整齐、稳固；货架间应留有人行和车行通道；新、旧货架应分开设置，并应分别编架号、层号、位号。

(3) 蓄电池更换间内新、旧蓄电池的规格、数量、存放时间、存放架号、层号、位号等应分别建账、立卡片，账、卡、实物应相符，并及时更新。

(4) 蓄电池更换间内新蓄电池少到一定数量应及时从蓄电池储存间运来补充，旧蓄电池到一定数量应及时运到蓄电池修理间。

(5) 新、旧蓄电池更换时，顾客与房内管理员须办新、旧蓄电池更换手续并签字确认，并按价格付款。

(6) 蓄电池的摆放或移动要小心，防止损坏蓄电池或伤人。

(7) 经常保持室内外清洁，做到无尘土、油污和易燃物。

五、 蓄电池修理间管理规则

(1) 蓄电池修理间要由专人负责，无关人员不得入内。

(2) 蓄电池修理应由专业技工进行，其他人员不得盲目修理。

(3) 严格按操作规程作业，防止损坏修理仪表、设备与伤害人身。

(4) 蓄电池修理仪表、设备要符合技术要求，并应定期检修。

(5) 蓄电池修理间内货架应摆放整齐、稳固；货架间应留有人行和车行通道；新、旧货架应分开设置，并应分别编架号、层号、位号。

(6) 蓄电池修理间内新、旧蓄电池的规格、数量、存放时间、存放架号、层号、位号等应分别建账、立卡片，账、卡、实物应相符，并及时更新。

(7) 蓄电池的摆放或移动要小心，防止损坏蓄电池或伤人。

(8) 经常保持室内外清洁，做到无尘土、油污和易燃物。

六、 小超市管理规则

(1) 小超市应由专人负责管理。

(2) 应由正规渠道进货，保证进货质量，进货品种、数量应面向顾客需求。

(3) 应按货物保存要求妥善保管，防止货物变质造成浪费。

(4) 货物应分区分类摆放，货架整齐稳固，架间留有人行通道。

(5) 售货员要着装整齐干净，对顾客态度和蔼、面带微笑，售价合理，服务周到，发生纠纷要妥善处理。

(6) 售货结账尽量迅速，收费准确无误。

(7) 定期检查货物质量，处理过期变质货物；定期清点货物数量，账物应相符。

(8) 维持室内秩序，保持安静、文明环境。

(9) 经常保持室内外清洁，做到无尘土、油污和易燃物。

第六节 充电站安全管理

一、 人员安全管理

(一) 让员工学习和掌握安全知识

(1) 懂得作业中应预防的不安全因素和事项，如防跑油混油、防着火爆炸、防中毒窒息、防静电危害、防设备损坏和失修、防禁区失控、防环境污染、防人的不安全意识和行为、防自然灾害、防人为破坏和失密等措施和方法。

(2) 掌握现代安全科学理论、安全管理原理等安全理论知识，为安全管理打好理论基础，为加油站安全管理的正确决策、准确操作、有效管理提供依据和方法。

(二) 对员工开展安全教育

安全教育对策是安全的三大对策之一，其目的是全面提高站内人员的安全素质。

人的安全素质包括两个层面：一个是安全层面，指的是人的安全知识、技能和意识；另一个是人文层面，指的是人的安全观念、态度、品德、伦理、情感等。因此各站应充分利用管理信息，将安全教育贯穿于各项工作和作业活动之中，既要传授安全知识和技能，又要培养人的法治观念和安全行为，注重世界观、人生观、价值观的长期培养和养成教育。

要搞好站内的安全管理，必须经常不断地加强安全重要性教育，使之提高认识，增加知识，掌握技能，做到“人人重视安全、人人懂得安全，事事讲安全，处处想安全，时时保安全”。

二、 电动汽车充电机（桩）的安全管理

（一）充电机的安全危险点分析

要保证充电机的安全，应抓住充电机的安全危险点进行针对性的防护。充电机的安全危险点主要有以下几点：

1. 充电机超负荷运行

充电机正常运行时，其金属部件温度不超过50℃，非金属部件温度不超过60℃。若充电机超负荷运行时，充电机的温升超过正常值，就会影响其使用寿命，甚至会损伤电机。

2. 充电机联锁装置不可靠

充电操作时，插销处于带电状态，若要带负荷从插座或连接器中拔出，如果充电机联锁装置不可靠，就会造成直流短路或设备损坏。

3. 充电机保护功能不完善

若充电机保护功能不完善，则在故障运行时，充电机保护装置不能可靠动作；充电机不能主动向监控系统发送故障信息，造成充电设备损坏。

4. 充电操作的安全措施不完善

若充电操作的安全措施不完善，会造成充电操作失败或设备损坏。

（二）充电机的安全防护措施

1. 防止温升措施

充电机的温度不能超过允许值，在充电机的温升过高时，可采取人工减小充电电流或充电机自动切除充电回路的防护措施，以降低温升。

2. 联锁保护措施

充电操作时，应检查充电机插头联锁装置或保护装置的操作连接，保证插销处于带电状态时不会从插座或连接器中拔出，或开关装置处于“ON”位置时不会被插入插座或连接器。

3. 完善保护措施

（1）应具有输入欠电压、输入过电压、输出短路、电池反接、输出过电压、

超温、电池故障等保护的功能。

(2) 应具有故障报警功能，能主动向监控系统发送故障信息。

4. 加强安全控制措施

(1) 充电机启动前应检查充电连接器连接是否可靠、充电监控系统工作是否正常，确认连接可靠、工作正常后，然后才能发出允许充电信号。

(2) 充电过程中，充电监控系统应工作正常，信号显示正常。

(3) 发生充电监控系统异常、充电设备及电路故障、温升异常停机等故障时，应立即手动或自动关闭充电机，断开充电机输入、输出电源，防止电击、起火或爆炸。

(三) 直流充电机安全操作

1. 充电操作前的安全检查确认

(1) 检查确认工作服、安全帽、绝缘鞋、绝缘手套穿戴正确。

(2) 检查确认直流充电桩插头不带电。

(3) 检查确认电动汽车电源已经关闭。

(4) 检查确认电动汽车动力电池和车上充电插座之间的开关已经断开，处于分闸状态，车上充电插座不带电。

(5) 检查确认车辆是直流充电方式，且电动汽车的动力电池参数与充电机参数匹配。

(6) 检查确认充电桩上充电插头和车上充电插座的插针和插孔定义正确、一致。

(7) 检查确认接触器、液晶显示工作正常，若不正常，切勿开机，等待维修处理。

(8) 检查确认充电桩、车辆的连接插头连接可靠。

(9) 检查确认该型号充电桩与车辆相匹配。

(10) 检查确认车辆停靠在正确的车位。

2. 充电运行中的监控及处置

(1) 密切监控充电机的运行状态，包括充电电压、充电电流和电池温度等。

(2) 充电过程中如发现异常应立即停机处理，记录故障现象，并及时反馈给充电机技术人员，待相关人员进行处理。

3. 充电操作安全注意事项

(1) 严禁充电机带故障运行，如发现充电机内部有异声、电池电压显示异常、机内有不正常气味或烟雾产生、液晶屏显示异常、各信号指示灯显示异常等故障，应立即停机处理，以避免造成更多的元件受损。

(2) 如遇雷雨天气，应停止充电。即使雨过天晴后，而空气湿度较大，也应将充电机接通电源后，待里面风扇工作 30min 后才能开始充电。

(3) 按键操作时注意勿用力过大，严禁用硬物刮充电机外壳和液晶屏。

(4) 充电机外壳应用电缆良好接地，禁止在充电过程中突然断开电源或充电电缆。

(5) 充电过程中，应注意监视充电机的温升情况。在任何情况下，充电机的温度不能超过允许值。在充电机的温升过高时，可采取人工减小充电电流或充电机自动切除充电回路的防护措施，以降低温升。

(6) 充电操作中，应检查充电机插头联锁装置或保护装置的操作连接，保证插销处于带电状态时不会从插座或连接器中拔出，或开关装置处于“ON”位置时不会被插入插座或连接器。

(7) 在以整车方式充电时，充电机与电动汽车的连接，必须保证通信线插头确实插入插座并连接无误后，才能实现充电线的连接；充电机与电动汽车脱离时，必须保证充电线插头拔出后，才能断开通信线。

(8) 充电机在运行过程中如发生异常，应切断该设备电源后才能进行维修。

(9) 严禁非专业人员拆修充电机，所有操作及维修人员需经专业培训后才能上岗。为避免充电机危及人身安全，故障发生过后 15min 才能拆开充电机维修，且应做好防静电措施。

(10) 充电操作时必须一人操作、一人监护，且周围没有闲杂人员。

(11) 严禁在充电机周围堆放物品。

(12) 充电操作现场应配备相应的消防灭火器材。

(四) 交流充电桩安全操作

交流充电桩安全操作与直流充电机安全操作虽有不少相同之处，但也有些不同之处，其安全操作如下。

1. 充电操作前的安全检查确认

(1) 检查确认工作服、安全帽、绝缘鞋、绝缘手套穿戴到位。

(2) 检查确认充电桩充电插座不带电。

(3) 检查确认电动汽车电源已经关闭。

(4) 检查确认电动汽车上的插头定义与充电桩的插座、插孔的定义一致。

(5) 检查确认电动汽车是交流单相 220V 充电，且功率不大于 5kW。

(6) 检查确认该型号充电桩与车辆相匹配。

(7) 检查确认接触器、液晶显示工作正常，若不正常，切勿开机，等待维修处理。

(8) 检查确认充电桩、车辆的连接插头连接可靠。

(9) 检查确认车辆停靠在正确的车位;

2. 充电运行中的监控及处置

(1) 密切监控交流充电桩的运行状态,包括充电电压、充电电流和电池温度等。

(2) 充电时如发现异常,应立即停止充电,记录故障现象并及时反馈给交流充电桩技术人员,待相关人员进行处理。

3. 充电操作安全注意事项

(1) 严禁交流充电桩故障运行,如发现设备内部异声、电池电压显示异常、机内有不正常气味或烟雾产生、液晶屏显示异常、各信号指示灯显示异常等故障现象,应立即停机处理,以避免造成更多的元件损害。

(2) 如遇雷电天气,为保护设备不受损害,建议停止充电。

(3) 按键操作时不能用力过大,严禁用硬物刮充电机外壳和液晶屏。

(4) 交流充电桩外壳接地应符合设计要求及验收规范。禁止在充电过程中突然断开电源或充电电缆。

(5) 充电过程中,应注意监视充电机的温升情况。在任何情况下,充电机的温度不能超过允许值。在充电机的温升过高时,可采取人工减小充电电流或充电机自动切除充电回路的防护措施,以降低温升。

(6) 充电操作时,应检查充电插头联锁装置或保护装置的操作连接,保证插销处于带电状态时不会从插座或连接器中拔出,或开关装置处于"ON"位置时不会被插入插座或连接器。

(7) 在交流充电桩与电动汽车连接时,必须保证通信线插头确实插入插座,并连接无误后,才能实现充电线的连接;交流充电桩与电动汽车脱离时,必须保证充电线插头拔出后,才能断开通信线。

(8) 交流充电桩在运行过程中如发生异常,应切断该设备电源后才能进行维修。

(9) 严禁非专业人员拆修设备,所有操作及维修人员需经专业培训后才能上岗。

(10) 充电操作时必须一人操作、一人监护,且周围没有闲杂人员。

(11) 交流充电桩为高电压、大功率设备,为确保设备及人身安全,应在操作前认真阅读操作说明,并按说明步骤进行操作。操作前应保持手指、触摸笔干燥;严禁使用尖锐物品触击触摸屏;操作过程中应按界面提示正确操作。

(12) 严禁在充电机周围堆放物品。

（13）充电操作现场应配备相应的消防灭火器材。

三、 电动汽车蓄电池充电的安全管理

（一）动力蓄电池充电的安全管理

要想做好动力蓄电池的安全管理，首先应对其安全危险点进行分析，然后针对性采取安全防护措施才能显效。动力蓄电池的安全危险点分析及防护措施见表 10-7。

表 10-7　动力蓄电池充电的安全危险点分析及防护措施

序号	充电的安全危险点分析	充电的安全防护措施
1	动力蓄电池对地及极间的绝缘能力降低，造成短路或自放电电流加大，使蓄电池容量降低、寿命缩短	动力蓄电池的整个寿命期间，蓄电池的绝缘电阻除以标称电压，所得值应不大于 100Ω/V。为此应定期清除极间的杂质，提高极间的绝缘强度
2	在动力蓄电池与车辆的导电体连接在一起时，充电系统未提供车体与电源之间的电隔离，造成短路故障及动力蓄电池的充电故障	在动力蓄电池与车辆的导电体连接在一起时，充电系统应提供车体与电源之间的电隔离，确保动力蓄电池的电路及充电的可靠性
3	动力蓄电池两个极性端子及带电部件与电底盘之间的爬电距离达不到规范要求，使蓄电池容量降低、寿命缩短	在正常工作状态下，为了防止电解液泄漏，造成两个极性端子与任何带电部件之间出现附加的泄漏电流，应检查蓄电池的爬电距离，使之达到规范要求
4	动力蓄电池连接的电路发生短路，无过电流断开装置或过电流断开装置动作不可靠，使故障范围扩大	动力蓄电池必须装设过电流断开装置，且过电流断开装置要经过校验，动作应可靠
5	动力蓄电池无保护功能，在蓄电池异常情况下，出现着火、爆炸，造成设备及人身事故	动力蓄电池应有温度异常保护，应有防火、防爆保护
6	动力蓄电池的储存环境达不到规范要求，使蓄电池提前损坏	动力蓄电池的储存温度为 5~40℃，电池应储存在干燥、清洁及通风良好的仓库内；应不受阳光直射，距离热源不得少于 2m，不倒放及卧放，不得受机械冲击或重压
7	不执行操作规范，在搬运蓄电池时造成损坏	蓄电池搬运过程中不得受剧烈机械冲撞、暴晒、雨淋，不得倒置；装卸时应轻搬轻放，严禁摔掷、翻滚或重压
8	在进行电池充电时，因未使用绝缘工具及未戴绝缘手套，而使电池短路，造成设备损坏、人身伤害	操作前必须检查确认工作服、安全帽、绝缘鞋穿戴符合安全要求；并应使用绝缘工具、戴绝缘手套

续表

序号	充电的安全危险点分析	充电的安全防护措施
9	充电操作前未对直流充电桩插头验电，充电操作时带电流插充电插头，产生的电弧造成设备损坏、人身伤害	加强安全监护，严格执行充电操作规程。电池充电应一个人操作、一个人监护
10	车辆进站，未了解汽车上的电池型号、参数和性能，盲目充电，造成电池的欠充电或过充电损坏	应确认充电站该型号充电机与车辆相匹配；了解汽车上各型号电池的性能和充电参数；对电池的充电参数正确设置，充电全程监控
11	未确认电动汽车上的插头定义与充电桩插座插孔的定义是否一致，造成电池充电操作失败	充电操作按规范进行，充电操作前检查确认充电插头定义与充电桩插座插孔的定义一致，必须确认直流充电桩插头不带电，然后再进行充电操作

(二) 锂离子蓄电池充电的安全管理

要想做好锂离子蓄电池的安全管理，首先应对其安全危险点进行分析，然后针对性采取安全防护措施才能显效。锂离子蓄电池的安全危险点分析及防护措施见表 10-8。

表 10-8　锂离子蓄电池充电的安全危险点分析及防护措施

序号	充电的安全危险点分析	充电的安全防护措施
1	锂离子蓄电池充电的单体电池电压超过 4.3V，造成电池的过充电损坏或引起电池的爆炸	锂离子蓄电池充电的单体电池电压超过 4.3V 时，应立即停机，显示相应代码，锁定输出，然后重新启动充电机
2	锂离子蓄电池充电的温度超过 50℃，导致电池的过热损坏	锂离子蓄电池充电的温度超过 50℃ 时，应立即停机，显示相应代码，锁定输出，重新启动充电机
3	锂离子蓄电池组充电时，电池与电池之间的电压、温度均衡性差，使电池过充电或欠充电，造成电池的充电达不到容量的额定值	锂离子蓄电池组充电时的电压、温度均衡性差，是因电池组中有故障电池而造成的，应停止充电，根据故障代码排除故障电池，再进行充电
4	充电机和电池管理系统（BMS）通信中断超过限制时间，锂离子蓄电池组充电控制发生异常	充电机和电池管理系统（BMS）通信中断超过限制时间，应立即停机，根据故障代码排除故障

(三) 更换动力蓄电池的安全管理

要想做好更换动力蓄电池的安全管理，首先应对其安全危险点进行分析，然后针对性采取安全防护措施才能显效。更换动力蓄电池的安全危险点分析及防护措施见表 10-9。

表 10-9 更换动力蓄电池的安全危险点分析及防护措施

序号	更换动力蓄电池的安全危险点分析	更换动力蓄电池的安全防护措施
1	对从电动汽车上卸载的电池进行组装时，有将电池与电池、电池与充电机极性接反的现象，造成电池不能充电，或将电池充爆炸的现象	在电池组装完成后，应有专人对电池的连接紧固情况及极性连接的正确性进行一次认真核对，以保证组装电池的连接正确
2	在进行电池组装时，因未使用绝缘工具及未戴绝缘手套而使电池短路，造成设备损坏、人身伤害	从电动汽车上卸载的电池虽已放过电，但仍存有高电压，在进行电池组装过程中须特别小心，应使用绝缘工具并戴绝缘手套，这应成为一条严格的制度
3	在进行电池组装时，在电池上乱放钳子、扳手等金属工具，导致短路造成烧伤、蓄电池破损	蓄电池上禁止放钳子、扳手等金属工具，这应成为一条严格的制度
4	在蓄电池的端子部分、连接导体及螺栓、螺母处未正确安装绝缘盖，有造成触电的危险。另外，如不正确安装，发生短路时可能引发烧伤、蓄电池受损及引起爆炸	认真执行现场操作规程，在电池组装完成后，检查绝缘盖及其他附件安装是否正确，保证安装质量
5	电池室着火时，灭火措施选择不当。 废弃蓄电池处置不当，造成设备损坏、人身伤害	废弃电池交给环境保护行政主管部门指定的单位处理。电池室着火时，应使用四氯化碳或干燥沙子灭火，不能使用二氧化碳灭火器灭火
6	蓄电池外壳清洁时，使用含有软质氯乙烯等可逆性的薄膜、绝缘线或挥发油、香蕉水、汽油等有机溶剂、洗涤剂接触蓄电池外壳及盖子，造成蓄电池外壳开裂、裂纹	蓄电池外壳的清洁应用肥皂水进行，清洁用布应柔软干净，避免使用易产生静电的布类(如化纤类织物)擦拭蓄电池
7	不执行现场工作规程，拆卸和组装单个蓄电池，致使电液接触皮肤或衣服，造成人身伤害	不得拆卸和组装单个蓄电池，若因机械损伤蓄电池，致使电液接触到皮肤或衣服上，应立即用水清洗。若溅入眼中，应用大量清水冲洗并去医院治疗
8	使用不合格电动工具，不执行“一机一闸一保护”的规定，违反操作规程，造成人身伤害事故	必须使用合格电动工具，严格执行“一机一闸一保护”的规定，严禁戴手套使用电动工具
9	非专业人员指挥运输、吊装蓄电池设备，搬运时安全措施不牢，造成设备损坏或人身伤害事故	运输、吊装蓄电池设备必须由专业人员进行；搬运时必须有保险绳保护，有专人监护统一指挥

（四）更换后的废弃蓄电池的处置

1. 废弃蓄电池处置的必要性

用过的蓄电池虽属废物，可以废弃，但必须妥善处置。如处置方法正确，则还可回收利用；如不经处置随意丢弃，则会污染环境，违反国家法规。而且用过的蓄电池还残留着电能，如不对端子进行绝缘处理，有可能发生短路产生火花，严重的会导致蓄电池爆炸而造成设备损坏或人身伤害。

2. 我国对危险废物处理的有关法规

为了保护环境，防止污染，我国对危险废物的处理也有相应法规，如《中华人民共和国固体废物污染环境防治法》中对危险废物的处理就有明确规定，现摘编如下：

第七十九条　产生危险废物的单位，应当按照国家有关规定和环境保护标准要求贮存、利用、处置危险废物，不得擅自倾倒、堆放。

第八十三条　运输危险废物，应当采取防止污染环境的措施，并遵守国家有关危险货物运输管理的规定。

禁止将危险废物与旅客在同一运输工具上载运。

第八十四条　收集、贮存、运输、利用、处置危险废物的场所、设施、设备和容器、包装物及其他物品转作他用时，应当按照国家有关规定经过消除污染处理，方可使用。

3. 废弃蓄电池的处置方法及注意事项

(1) 交给当地县级以上人民政府环境保护行政主管部门指定的单位处理。

(2) 通过向当地县级以上人民政府环境保护行政主管部门咨询，联络具备处理资格的厂商处置。

(3) 直接交给持有危险废物经营许可证的厂商处理。

(4) 与经销商联系。

(5) 应用黏性胶带对端子进行绝缘处理。

(6) 禁止分解、改造及破坏蓄电池，否则会导致蓄电池漏液、发热、爆炸。

(7) 禁止将蓄电池投入火中或加热。

四、 充电站综合安全管理

(一) 各类电动充电站危险性比较

为汽车提供动力能源的场所有加油站、加气站、充电站及几种能源的合建站。这些站均属危险场所，但其危险程度不同。三种不同的能源站比较，加气站相对最危险，充电站相对最安全，加油站居中。

充电站有：独立充电站，居民区车库充电站，加油充电合建站，加气充电合建站，加油加气充电合建站。

独立充电站是专为电动汽车充电的站点，它的危险性相对最小。

居民区车库充电站是为停存本居民住宅小区汽车的库区，多为地下车库，车库内有电动汽车时，则装设充电桩。地下车库有防火安全的要求，因此居民区车库充电站也相对安全，危险性也相对较小。

加油充电合建站，是给燃油汽车加油和给电动汽车充电的两功能站点的合建站。因为加燃油比充电相对危险，所以这种合建站比独立充电站和居民区车库充电站危险性大一点。

加气充电合建站，是给燃气汽车加气和给电动汽车充电的两功能站点的合建站。因为加气比加油、充电都危险，所以这种合建站比独立充电站、居民区车库充电站及加油充电合建站危险性更大一点。

加油加气充电合建站，是加油站、加气站、充电站等三种功能的合建站。这种合建站因为有三种能源的加注功能，通常还能同时对三种不同的汽车进行加注，因此同时入站的车辆就多，造成操作繁杂、经营管理复杂，出事故的概率大，因此这种合建站危险性最大，从安全出发一般应少建造这种合建站。

（二）独立充电站安全管理

独立充电站的安全管理应按国家和行业标准对电动汽车充电站安全管理的规定来进行安全管理，具体应做好对充电机、蓄电池、充电站工作区等的安全管理。

（三）居民区车库充电站安全管理

居民区车库充电站是在居民区车库内为电动汽车设充电桩而充电的站点，通常电动汽车是少数，则充电桩也是少数。多数是燃油汽车及其车位。其安全管理也就是针对车库的安全管理。通常在显著位置张挂车库管理制度，主要内容有：

（1）库内严禁烟火；库内消防器材不得随意移位、动用；消防系统不得随意拉动，确保消防系统处于良好状态。

（2）固定车位不得乱停车，车辆按行车路线顺序行驶。

（3）闲杂人员和动物不得入内。

（4）车库内不得存放私人物品。

（5）车库内电气设备不得随意操作动用，以防触电伤人。

（6）自觉保持车库内卫生，及时清除垃圾。

针对电动汽车充电桩还应增加以下安全管理内容：

（1）充电桩的安装位置通常固定不变，个人不得随意移动。

（2）个人单独计费的私人充电桩，他人不得随意充电。

（3）非电动汽车不得靠近充电桩车位。

（4）无关人员不得操作充电桩。

（5）充电桩发生故障，应由专业人员修理，非专业人员不得随意拆修。

（6）经常保持充电桩区整洁。

参 考 文 献

[1] GB 50156—2012. 汽车加油加气站设计与施工规范.

[2] GB 50966—2014. 电动汽车充电站设计规范.

[3] GB/T 29781—2013. 电动汽车充电站通用要求.

[4] NB/T 33005—2013. 电动汽车充电站及电池更换站监控系统技术规范.

[5] NB/T 33001—2010. 电动汽车非车载传导式充电机技术条件.

[6] NB/T 33002—2010. 电动汽车交流充电桩技术条件.

[7] NB/T 33006—2013. 电动汽车电池箱更换设备通用技术要求.

[8] 中国汽车技术研究中心，标准化研究所. 电动汽车充电站通用要求标准解读[J]. 汽车与配件，2010(41)：26-27.

[9] 徐海明. 电动汽车充电站运行与维护技术[M]. 北京：中国电力出版社，2012.

[10] 吴万禄，韦钢，李作明，等. 城市电动汽车充电站的规划[J]. 电力与能源，2013，34(6)：642-646.

[11] 朱华，卢文斌. 新能源电动汽车充电站发展趋势探讨[J]. 计量与测试技术，2016，43(3)：9-11.

[12] 马万达，邹新忠，潘铁，等. 电动汽车充电站布局规划探索[C]//2013 年中国城市交通规划年会暨第 27 次学术研讨会，北京，2014.